LA MARQUISE

D'ALFI

PAR

EUGÈNE SUE.

2

PARIS
ALEXANDRE CADOT, ÉDITEUR,
37, RUE SERPENTE.
—
1853

LA MARQUISE D'ALFI.

Ouvrages du Marquis de Foudras.

EN VENTE.

Le Chevalier d'Estagnol	6 vol
Diane et Vénus	4 vol.
Madeleine Repentante (*suite du Caprice*) . . .	4 vol.
Un Caprice de grande dame (in-18)	3 vol.
Un Capitaine de Beauvoisis	4 vol.
Jacques de Brancion	5 vol.
Les Gentilshommes chasseurs	2 vol.
Les Viveurs d'autrefois	4 vol.
Les Chevaliers du Lansquenet	10 vol.
Madame de Miremont	2 vol.
Lord Algernon (*suite de madame de Miremont*) .	4 vol.
Lilia la Tyrolienne (*épuisé*)	4 vol.
Tristan de Beauregard (*épuisé*)	4 vol.
Suzanne d'Estoaville (in-18)	2 vol.
La comtesse Alvinzi	2 vol.
Le Capitaine La Curée	4 vol.

Sous presse.

Tout ce qui reluit n'est pas or.
Un Amour de vieillard.

Ouvrages de A. de Gondrecourt.

EN VENTE.

Aventures du Chevalier de Pampelonne .	5 vol.
La Tour de Dago	5 vol.
Le Bout de l'oreille	7 vol.
Le Légataire	2 vol.
Les Péchés mignons	5 vol.
Médine	2 vol.
La Marquise de Candeuil	2 vol.
Un Ami diabolique	3 vol.
Les derniers Kerven	2 vol.

Sous presse.

Les Prétendants de Catherine.
Le Capitaine Lagazette.
Mademoiselle de Cardonne.

Ouvrage d'Alexandre Dumas.

LA COMTESSE DE SALISBURY.

6 volumes in-8.

On vend séparément les derniers volumes pour compléter la première édition.

Imprimerie de E. Dépée, à Sceaux.

LA MARQUISE

D'ALFI

PAR

EUGÈNE SUE.

2

PARIS
ALEXANDRE CADOT, ÉDITEUR,
37, RUE SERPENTE.

1853

XXIX

Robert, silencieux et sombre, contemplait madame d'Alfi; frappé de l'émotion qu'elle paraissait ressentir à l'aspect de la nature, il se dit avec une sinistre amertume :

— Ce monstre s'attendrit à la vue des

vallées et des montagnes... et son infernale cruauté a poussé mon fils au suicide! elle l'a froidement torturé, supplicié... et elle verse des larmes devant un paysage! la bonne âme ! oh, j'éprouve une joie féroce à songer que jusqu'à l'arrivée du complice de cette femme, je tiendrai sa vie suspendue à un fil, au-dessus des abîmes, dans ces solitudes où elle va me suivre sans défiance puisque aujourd'hui je l'ai sauvée de la mort.

— Il me semble que je fais un rêve éblouissant — disait Cornelia accablée par 'admiration en s'asseyant sur l'une des quatre bornes placées à chacun des coins du petit pont où elle s'était arrêtée. — Ce que j'éprouve est nouveau et étrange, oh, étrange!... est-ce une révélation? — ajouta-t-elle d'un air pensif. Puis, après quelques moments de méditation, s'adressant à son guide resté debout, à quelques pas d'elle, appuyé sur son long bâton, elle reprit avec un accent de bonté qui donnait à sa voix, ordinairement âpre et hautaine, une douceur extrême :

— Sans vous, tout à l'heure je tombais dans le torrent, je n'oublierai pas le service que vous m'avez rendu..

Robert s'inclina, la marquise poursuivit:

— Etes-vous marié? avez-vous des enfants?

— Je n'ai pas.... je n'ai plus d'enfant...

— Vous en aviez un ?

— J'avais un fils.

— Et ce fils ?...

— Il est mort.

— Pauvre homme ! vous détournez la tête .. votre voix est altérée... ce fils... vous le regrettez donc beaucoup ?

— Assez, madame ! — murmura Robert en cachant sa figure entre ses mains; sa force de dissimulation était à bout, il craignait de se trahir. — Oh! assez...

— Je n'ajouterai pas un mot, je respecterai votre douleur, je ne voulais pas la raviver... l'intérêt seul dictait mes paroles, je voudrais reconnaître le service que vous m'avez rendu. Que puis-je faire pour vous ?

— Rien.

— Quoi !... rien ?

— Vous me paierez ma journée quand je vous servirai de guide, voilà tout ce que je demande.

— Soit, et je vous emploierai souvent, car cette promenade d'aujourd'hui... — Puis s'interrompant, Cornelia reprit après un silence de quelques instants : — Vous n'avez donc point ici de famille ?

— Non — répondit Robert avec une impatience à peine coutenue -- je vis seul dans une masure isolée que l'on m'a permis d'habiter.

Madame d'Alfi, remarquant l'air contraint et la brusquerie des réponses de son guide, supposa que, peu parleur et bourru, cet homme avait hâte de terminer l'entretien, elle lui dit en se levant de la borne où elle était assise :

— Par quel chemin retournons-nous à Veyrier ?

— Si vous voulez, madame, revenir par la vallée de *Nâves* au lieu de reprendre la route de *Thônes*, vous jouirez de nouveaux points de vue, puisque vous les aimez (1).

— Allons — dit Cornelia en jetant un regard de regret sur les vallées qu'elle laissait derrière elle — marchez.... je vous suis.

Robert, accompagné de la marquise, traversa le pont de Saint-Clair qui conduit à l'antique voie romaine, et laissant à sa

---

(1) Le retour du pont de *Saint-Clair* par le chemin de *Nâves* est ravissant, si l'on veut jouir complètement d'innombrables points de vue merveilleusement *éclairés* il faut revenir par Nâves au soleil couchant, alors le coup d'œil est admirable. Cette course (d'Annecy au pont de Saint-Clair par la route de Thônes et retour par Nâves) peut durer de quatre à cinq heures, nous la recommandons surtout aux paysagistes, ils y trouveront comme détails, comme ensemble, comme lignes, comme *fonds*, comme coloris, des trésors inexplorés jusqu'ici.

droite les ruines d'une ancienne abbaye, prit la route ombreuse du charmant village de *Nâves*, à demi caché dans ses massifs de noyers; puis madame d'Alfi et son guide gagnèrent un pont de bois jeté sur le Fier, rejoignirent le grand chemin de Thônes et après le passage d'Annecy-le-Vieux, ils longèrent les bords du lac et arrivèrent au village de Veyrier à la tombée du jour.

XXX

—

Le lendemain de sa promenade au pont de *Saint-Clair*, madame d'Alfi continua ainsi sa lettre adressée au comte Christian...

. . . .

« Je vous ai quitté hier, mon cher Christian au moment où je partais pour une excursion dans la montagne, me voici revenue, poursuivons mais abrégeons cet examen du passé; il vous est très nécessaire pour l'intelligence du présent.

» Je fus donc votre *complice* dans ce jeu lâche et cruel dont l'innocente victime devait être Julien : son père, par un hasard qui nous servit à souhait, partit pour un assez long voyage: mon prétendu désir de trouver une propriété à ma convenance dans les environs de Lyon, la façon généreuse dont je rétribuais au notaire, ce qu'il appelait les *vacations* de son clerc, offraient à celui-ci de fréquentes occasions de me voir ; de plus en plus attiré, fasciné, aveuglé par ma coquetterie, ce malheureux enfant nous consacra presque toutes ses soirées, il devint votre bouffon et mon martyr.

» Longtemps je me suis demandé comment une femme comme moi... et même un homme comme vous, avait pu être assez désœuvrés, assez méchant pour passer leur temps à baffouer, à torturer une créature d'une douceur angélique et d'une ingénuité touchante, mais depuis que je peux vous juger à *froid*, mon cher Christian, et que j'ai réfléchi sur moi... je m'explique ce fait.

» Commençons par vous :

» Vous êtes fort beau, vous êtes fort élégant, vous êtes d'extrêmement bonne compagnie, cette société factice, où nous avons passé notre vie, est votre élément naturel, vous y *paraissez* à merveille, vous possédez, mieux que personne, le jargon des salons, vous caquetez délicieusement les médisances du jour, vous excellez à lancer de ces mots, de ces riens aussi chatoyants, aussi vides que des bulles de savon ; vous êtes enfin passé maître en ces vanités dont se compose un entretien brisé, rompu, étourdissant, auquel prennent part vingt-cinq ou trente personnes faisant assaut de prétentions et parlant moins pour être écoutées que pour être entendues : vous n'avez non plus d'égal, mon cher Christian, pour forcer une femme à tolérer, grâce au tour que vous leur donnez, certains propos dont la crudité ferait rougir des laquais,

» Que vous dirai-je encore? à cheval à la portière de ma voiture, pendant une promenade au *Corso*, debout derrière moi dans ma loge d'Opéra, ou bien encore au bal, entraîné par la mesure d'une valse à deux temps, vous étiez vraiment remarquable... trop remarquable, car je vous l'ai dit souvent, votre beauté compromet la femme dont vous vous occupez, si elle recherche quelque peu le mystère, vous êtes en un mot *trop voyant*.

» Mais enfin, mon cher Christian, il faut bien vous l'apprendre : vous n'avez rien dans l'âme, rien dans l'esprit, vous êtes un homme très brillant sans doute, car vous reflétez le miroitement du monde d'une façon à éblouir, mais n'étant doué en propre d'aucune espèce de valeur, il résulte de ceci, qu'isolé de ce qui produit votre éclat emprunté, vous devenez d'un morne, d'un terne déplorables! vous n'offrez pas la moindre ressource dans le tête-à-tête, vous êtes hors d'état de soutenir un entretien pendant une heure; cela, je l'avoue, me touchait assez peu lors de la première effervescence de notre liaison ; mais lorsque, plus tard et dès avant mon arrivée à Lyon, j'ai voulu rechercher les tranquilles douceurs de la solitude et essayer de goûter avec vous les charmes d'une causerie intime, où le cœur et l'esprit s'épanchent, il m'a été impossible de prolonger notre conversation au-delà de dix minutes; j'ai voulu essayer de la musique et de la lecture, la musique et la lecture vous endormaient; vous m'avez alors tendrement proposé... de jouer aux échecs !! d'abord j'ai toute espèce de jeu en aversion, et puis cette pensée de nous voir amoureusement occupés à méditer tête-à-tête les évolutions du *roi,* de la *tour* et du *cavalier,* m'a paru si incroyablement ridicule que pour vous alléger le poids de notre intimité, j'ai rouvert ma porte à quelques amis ; oh ! alors vous avez soudain retrouvé votre caquetage non moins intarissable que celui de feue ma perruche *Fioretta,* coquette et fantasque petite bête ! Dès que les lustres s'allumaient, dès qu'elle voyait son éclatant plumage reflété dans les glaces, dès qu'elle entendait le bourdonnement du monde, elle sortait de sa taciturnité maussade et parlait, parlait, parlait, mais si joliment, et surtout si continuement.... que c'était un charme... quand cela ne devenait pas insupportable.

XXXI

» Lors de mon séjour à Lyon, mon cher Christian, me trouvant en un pays étranger, où je ne connaissais ni ne voulais connaître personne, je n'ai pu vous alléger, comme à Venise ou à Florence, les pesanteurs du tête-à-tête; j'avais encore du goût... beaucoup de goût pour vous ; la journée se traînait, mais enfin elle se passait; votre toilette du matin vous occupait deux ou trois heures, après quoi, vous déjeûniez avec conscience, lenteur et réflexion ; venait ensuite la sieste, puis la collation (à ce propos l'on n'imagine point combien votre inaltérable appétit a été souvent pour vous de complaisante, agréable et utile compagnie !) c'était encore une autre toilette pour la promenade et au retour une troisième toilette pour dîner; mais après ce dîner, si prolongé qu'il fut, venaient pour nous des soirées interminables! Plongé dans l'assoupissement d'une heureuse digestion, sortant parfois cependant de votre torpeur pour tirer les oreilles de *Lowe* ou échanger à votre manière quelques mots avec lui, vous attendiez impatiemment la fin de ces heures inexorables, personnifiée dans un valet de chambre apportant le thé, les muphins et les sandwichs! ce qui du moins suffisait à alimenter votre entretien durant la dernière partie de la soirée.

» Nous languissions dans cet état d'isolement à deux, mon cher Christian, lorsque le hasard nous fit connaître Julien, voilà comment et pourquoi il devait être le jouet et le martyr de notre désœuvrement...

» Il me faut ici vous ouvrir mon cœur tout entier : je ne conservais plus aucune illusion à votre égard et cependant, cela est honteux à avouer... vous me plaisiez encore extrêmement malgré votre manque d'âme, malgré la sécheresse de votre cœur, malgré votre lâche déférence à mes insolents caprices, malgré la complète insipidité de votre esprit, lorsque nous nous trouvions seuls : cependant dès que l'embarras, la timidité de Julien et sa défiance de lui-même eurent cédé peu à peu aux adroits manéges de ma coquetterie, il m'ouvrit enfin son âme, quelle âme! elle était noble et pure comme la beauté des traits de cet enfant, j'aurais dû cent fois vous le préférer, mon cher Christian, et pourtant je vous préférais encore à lui; de cette méprisable aberration de goût, je me révoltais contre moi, contre vous... contre lui-même, le malheureux!... de là vint ma complicité dans ces jeux féroces dont il devait être victime; seulement, là où vous voyez une mystification grossière, je voyais, moi, le sujet d'une étude curieuse, variée, attachante...

» Oui, pour ma froide et cruelle observation, cette angélique créature était ce que sont pour le savant, ces pauvres animaux qu'il martyrise doctement, afin de surprendre et de compter chaque tressaillement de leurs fibres qu'il déchire! chaque battement de leurs cœurs qu'il arrache de leurs entrailles!

XXXII

» Jusqu'alors, mon cher Christian, je n'avais, comme on dit : *exercé le pouvoir de mes charmes* que sur des hommes du monde dont vous êtes le modèle achevé; blasée sur ces luttes de la coquetterie contre la fatuité, je n'y trouvais plus ni piquant, ni imprévu, ni nouveauté, c'était toujours ou peu s'en faut : *ce jeu d'échec* dont vous me proposiez avec un si tendre dévoûment, l'amoureux passe-temps ; en d'autres termes une série de combinaisons, de calculs prévus, ensuite de quoi mon adorateur perdait ou gagnait à mon gré la partie !

» Il n'en allait point ainsi de Julien; son langage, sa candeur, ses gaucheries même, tout était nouveau pour moi, tout m'intéressait : cette nature virginale, confiante, timide et cependant vaillante et dévouée... dévouée jusqu'à la mort qu'il a bravée pour moi dans un duel inégal, cet enfant que mon regard faisait pâlir, que ma voix faisait trembler d'émotion, m'offrait, je vous l'ai dit, une étude très curieuse, très attachante... je découvrais en lui des trésors de sensibilité exquise, un esprit d'un naturel charmant, un cœur sincère et généreux ; ah, sur lui quelle était ma puissance ! un mot, un regard de moi.... et tout vibrait, tout chantait, tout s'épanouissait, tout rayonnait dans cette ame jeune et fraîche, luxuriante de foi, d'amour et d'espérance ! mais aussi un mot, un regard de moi... et tout s'assombrissait, tout souffrait, tout pleurait, tout saignait dans cette pauvre âme !

» Jeux affreux ! jeux impitoyables ! mais je ne l'aimais pas ou plutôt je ne croyais pas l'aimer alors cet enfant !

» Vint enfin ce jour, où, cédant non

moins à vos instances qu'à un caprice cruel, je consentis à ce simulacre de mariage... Julien vous croyait mon ami, mon frère... la foudroyante révélation qui éclaira ce malheureux sur la réalité de mes sentiments pour lui... l'a tué !

» J'en jure Dieu ! je n'avais pas entrevu un moment les conséquences possibles de cette plaisanterie féroce, et pourtant elles devaient être pour lui mortelles !

» Le lendemain de ce prétendu mariage, je partis seule pour Paris, vous étiez rappelé à Florence par la maladie de votre père : désormais en présence de moi-même et non distraite par votre présence qui cependant me distrayait fort peu... je pouvais mûrement interroger mon cœur; j'y trouvais un vide effrayant et votre absence ne causait point ce vide... ne dépendait-il pas de moi d'aller vous rejoindre en Italie? ainsi, impossible pour moi d'en douter : ce vide était causé par la mort de Julien!

» Cela me parut d'abord si étrange, si insensé, que j'attribuai ces incompréhensibles ressentiments à la complète solitude où j'avais vécu à Lyon : en arrivant à Paris je me lançai dans le tourbillon du monde : madame l'ambassadrice de Naples, ma parente, me combla de soins, de prévenances, sa société devint la mienne, j'eus beaucoup de succès, je fus fort à la mode, *la fleur des pois* des merveilleux s'occupa de moi très assidûment, j'inspirai même, me dit-on, une passion profonde à... je ne sais plus qui; ces hommages me trouvaient insensible; longtemps j'ai cru, mon cher Christian, vous être fidèle... erreur, j'étais fidèle au souvenir de ce malheureux, oui; ce souvenir me poursuivait au milieu des fêtes, tour à tour déchirant comme un remords, doux comme une pensée d'amour, désespérant comme l'impossible !

» Cependant je ne lisais pas encore clairement dans mon cœur : je me sentais de plus en plus inquiète, agitée, ennuyée, isolée parmi cette foule empressée. Au premier étourdissement des fêtes dont j'avais été la reine, succéda bientôt en moi un dégoût profond; le monde me devint à charge, je quittai Paris si découragée, si incertaine de mes propres sentiments, si fatiguée des autres et de moi-même, que dans cet état d'affadissement moral, j'ai eu l'inconcevable idée de vous appeler ici, certaine du moins de trouver près de vous, le calme plat et morne d'une ancienne relation, en un mot cet assoupissement résultant de : *l'habitude*, ce demi-sommeil où l'on s'engourdit dans l'attente d'un réveil quel qu'il soit...

» Lors de mon premier voyage de Venise à Lyon, j'avais en passant remarqué les délicieux environs du lac d'Annecy, je changeai mes projets, et au lieu de retourner en Italie, je préférai m'établir pendant quelque temps en Savoie.

» Vivant dans une solitude absolue, face à face avec moi-même, interrogeant, écoutant les moindres aspirations de mon âme, je suis arrivée à cette certitude, qui vous paraîtra toucher à la monomanie, à la folie : — *c'est que j'aime passionnément ce malheureux enfant qui s'est tué de désespoir.*

XXXIII

—

» Si vous étiez, mon cher Christian, ce que vous ne serez jamais, un homme pénétrant; si au lieu de vous être arrêté à la surface de mon caractère, vous en aviez pu sonder les profondeurs, vous comprendriez ce qui en ce moment vous semble inexplicable, insensé, oui, vous comprendriez : — *mon amour pour un mort.*

» Je vous l'ai dit souvent : hasard ou bonheur, depuis que j'ai l'âge de raison : — *ma volonté s'est toujours faite.*

» Les circonstances ont été mes servantes.

» Ma fortune a largement satisfait à mes goûts : orpheline, je n'ai pas connu les regrets que laisse la perte d'une mère ou d'un père. Mariée à seize ans, mon mari est mort d'un accident à la chasse, au moment où son odieux naturel, longtemps dissimulé, me donnait quant à moi de grands doutes sur la durée de notre avenir conjugal; maîtresse de moi-même à dix-huit ans : — *vouloir* et *pouvoir* — ont été jusqu'ici, pour moi : même chose; il s'en suit que, pour la première fois de ma vie, ma volonté se heurte contre un obstacle... cet obstacle est une tombe... et cette tombe je l'ai involontairement creusée!

» Ce n'est pas tout, je suis, je le crois, blasée.

» Ce que peut donner la jeunesse, la beauté, la richesse, l'esprit, la naissance, l'amour, la volupté, la libre et complète expansion du caprice, je l'ai savouré, épuisé, pressuré jusqu'à la lie.

» L'émotion glisse sur mon cœur de bronze, le dédain m'élève au-dessus du vulgaire ; l'on ne peut rien sur moi... je peux tout sur les autres.

» A cette heure le dégoût ou la froideur me sauvegarde de la seule faiblesse qui mette parfois la femme à la merci de l'homme, voici, mon cher Christian, comment et pourquoi j'en suis venue : *à aimer un mort.*

» D'autres reculeraient devant ce qu'ils appelleraient : *l'impossible,* moi je brave l'impossible ; cette lutte m'exalte, double, surexcite mes facultés, agrandit mon âme, l'élève... et, Dieu me pardonne ! peut-être même l'épure...

» L'enthousiasme que me causent les admirables tableaux de la nature au milieu desquels je vis depuis quelque temps, me transporte dans je ne sais quel milieu idéal, nouveau pour moi; plongée dans des ravissements contemplatifs, voisins de l'extase, je ne sens plus à bien dire mon corps... et ce complet anéantissement de la matière, me prédispose merveilleusement à cet amour rétrospectif et platonique qui aujourd'hui remplit ma vie.

» Ainsi je triomphe de l'impossible.

» Et d'ailleurs, où est donc l'impossibilité ? aimer sans espoir un absent... ou un mort? n'est-ce pas la même chose? et pourtant combien l'on voit d'amours profonds et sans espoir?

» Ne suis-je pas morte pour vous à cette heure, mon cher Christian? et cependant vous m'aimez, vous m'aimerez longtemps encore? ne fut-ce que par ce sentiment d'opiniâtre contradiction inhérent à l'humanité, sentiment dont j'éprouve la toute puissance en aimant Julien.... outre-tombe.

» Vous le voyez, mon cher Christian, cette fois encore pour moi — *vouloir c'est pouvoir!* — oui, j'ai voulu aimer cette créature qui n'est plus, et je l'aime.... oui.... j'aime éperdument cet adorable enfant et sans cesse son image apparaît à mes yeux, tantôt sinistre, tantôt charmante, au milieu de ces sites tour à tour riants ou sauvages que je parcours et dont la vue m'enivre.

» Tenez, hier debout sur un rocher, je voyais couler à mes pieds un torrent furieux, le vertige m'a saisie, sans mon guide je tombais dans le gouffre, j'ai voulu dompter le vertige, je l'ai dompté; d'un œil ferme j'ai contemplé l'abîme ouvert à mes pieds. C'était sublime! mais durant ces quelques secondes, où me sentant malgré moi subir l'attraction du vide, j'ai eu conscience d'une mort imminente, horrible, j'ai plus vécu, *plus ressenti*, que pendant des jours, des mois, du plus beau temps de notre amour, mon cher Christian! et cependant contradiction étrange, bizarre, extraordinaire : auprès de vous aussi, j'éprouvais l'incompréhensible attraction du vide... le dommage est que, votre amour n'ayant rien de la superbe impétuosité d'un torrent, la tête ne me tournait point du tout, et je vous jugeais froidement.

XXXIV

—

» Maintenant combien de temps durera ce singulier état moral et physique où je me trouve?

» Je l'ignore.

» Je suis, vous le savez, fort sceptique à l'égard de la durée des choses.

» *Peut-être*, me lasserai-je bientôt de l'amour impossible... comme je me suis lassée de l'amour possible....

» *Peut-être* me fatiguerai-je des montagnes, des abîmes, des torrents et des grandeurs de la nature, comme je me suis fatiguée des platitudes du monde, de l'opéra, de la promenade au *Corso* et de la valse à deux temps.

» *Peut-être* ce que je prends pour de la satiété, n'est qu'un effet momentané de l'intempérance... je me crois blasée, peut-être ne suis-je qu'inoccupée.

» *Peut-être* je descendrai de la sphère idéale où je vis d'extase et d'éther, pour revenir aux réalités substantielles.

» *Peut-être* au contraire finirai-je ma vie dans les austérités d'un cloître !

» *Peut-être* aussi, l'âge fera-t-il de moi une de ces vieilles marquises qui, à soixante ans, mettent du rouge et des mouches, teignent leurs cheveux, portent des robes décolletées, se ruinent pour quelque aventurier dont elles endurent les mépris, et passent leur nuit au jeu... où elles trichent.

» *Peut-être*... et pourquoi pas ? *peut-être* me remarierai-je, jeune encore, et devenant tendre mère, fidèle épouse, vivant de longues années, je mourrai grand'mère, bénie de mon mari, de mes enfants et de mes petits-enfants.

» Combien j'aime à m'abandonner aux hasards de ce PEUT-ÊTRE !!! cette seule certitude de la vie !

» C'est vous dire, mon cher Christian, que je suis aussi complètement ignorante de ce qui SERA demain, que certaine de ce qui EST aujourd'hui.

» Or, je sais, je sens qu'aujourd'hui j'aime éperdument cet adorable enfant dont nous avons causé la mort. Je sais, je sens qu'aujourd'hui la contemplation des admirables tableaux de la nature, au milieu desquels j'évoque la pâle et douce image de cet ange, m'émeut jusqu'aux larmes !

» Et maintenant, adieu, mon cher Christian, cette lettre vous sera extrêmement pénible, elle blessera votre orgueil, seul endroit où je puisse vous frapper sûrement; je suis de ces femmes que l'on regrette même en les quittant, qu'est-ce donc, lorsqu'elles vous quittent aussi dédaigneusement que je le fais!

» Vous souffrirez cruellement de cette rupture, faible, trop faible expiation des tortures de notre victime.

» Ne tentez pas surtout de venir ici dans

l'espoir de changer ma résolution... vous savez quelle femme je suis... ou plutôt, venez; oh oui, venez.

» Il me serait si doux de vous redire tout ce qu'il y a pour vous d'amer, de méprisant dans cette lettre!

» Il me serait si doux de vous désespérer en vous parlant longuement de cet amour étrange dont je suis possédée.

» Il me serait si doux de vous répéter cent fois le nom chéri de Julien, et à ce nom de vous voir bondir de douleur, de jalousie et de rage...

» Venez donc, mon cher Christian... venez donc! hâtez-vous! hâtez-vous! je vous attends...

» Cornelia. »

XXXV

—

Le surlendemain du jour où cette cruelle lettre de rupture, dont chaque mot portait coup, avait été écrite au comte Christian par madame d'Alfi, Robert attendait, assis sur un banc de jardin, les ordres qu'elle devait lui donner pour sa promenade. Le siége où il se trouvait s'adossait à un berceau de verdure, attenant à la maison, la fenêtre d'une salle basse voisine de ce berceau était ouverte, Robert, au moment où il vint s'asseoir sur le banc, entendit la fin de l'entretien suivant, entre Faustine, la camériste, et Pietro, valet de chambre de Cornelia.

— Elle est folle! — s'écria Piétro — archifolle!

— Je ne dis pas non, mon cher, mais la conséquence de cette nouvelle folie, c'est que M. le comte a reçu son congé.

— Est-il possible! lui, un si beau, un si galant gentilhomme!

— Renvoyé comme un laquais, te dis-je, sans vouloir t'offenser.

— Mais on l'attendait ici à la fin du mois.

— Oui, mais M. le comte, avant de se mettre en route, aura reçu la lettre de madame. Et quelle lettre! avant de la cacheter, ma maîtresse l'avait laissée ouverte sur son pupitre... j'ai pu jeter un coup d'œil sur la fin de l'épître, ah! Pietro, si j'étais homme, j'aimerais mieux recevoir un coup de poignard qu'une lettre pareille. Chaque mot brûle comme un fer chaud!

— Bah! le comte viendra malgré cela! il

ne se résignera jamais à être ainsi honteusement éconduit.

— Il ne se résignera pas, dis-tu ? il faudra pourtant qu'il se résigne ! est-ce qu'il ne connaît pas le caractère de madame ?... est-ce qu'il ne sait pas que quand elle a dit non,.. ni homme, ni Dieu, ni diable, ne lui feraient dire oui.

— Il est vrai ! l'on ferait plutôt ployer une barre de fer que de changer la volonté de madame... voilà donc M. le comte sacrifié, et à qui, je te le demande, Faustine ? à qui.. est-ce croyable !

— J'avoue que pour le comte, la dernière

des humiliations est d'être sacrifié à un amour pareil à celui-là !

— Mais cette infâme créature est donc un monstre de dépravation ! — se dit Robert avec un redoublement de dégoût et d'horreur, car n'entendant que la fin de l'entretien, il ignorait que Faustine faisait allusion à l'amour étrange de la marquise pour Julien. — Elle chasse cet homme... l'autre bourreau de mon fils, pour s'abandonner à un nouvel amour... amour si honteux que des valets en rougissent ! oh ! si j'avais pu hésiter un moment à punir ce monstre... mes scrupules cesseraient ! non, non, l'espoir d'envelopper le comte dans ma vengeance, l'a jusqu'ici retardée... il m'échappe... sa complice me reste, l'heure est venue....

— Je peux à peine le croire — reprenait Pietro — comment ce que tu me disais tout à l'heure au sujet de cette passion... inimaginable...

— C'est la vérité pure, madame n'en dort pas, ne songe qu'à cela, et elle s'en cache si peu qu'elle a fait tout au long ce bel aveu à M. le comte... Juge un peu si après cela il aura le cœur de venir ici malgré la défense de madame? il faudrait qu'il fût le dernier des hommes ! qu'il n'eût pas de sang dans les veines !

— Après tout, il arrive à M. le comte, ce qui était arrivé au duc Balbi, dont il a pris la place dans le cœur de notre maîtresse !

— Oui, après la mort du duc tué en duel à Venise, par le chevalier Montenegro, envers qui madame faisait la coquette, quoiqu'au fond elle se moquât de lui, car elle lui a ri au nez après la mort du duc...

— Celui-là aussi était un gentilhomme accompli...

— La belle avance..... madame, en recevant la lettre qu'il lui écrite à son lit de mort..... n'a pas seulement versé une larme !

— Quelle diable de femme.... pas une larme !

— Oh! je t'en ferai verser moi... des larmes! des larmes de sang... et cela dès demain! — se dit Robert — je vengerai la mort de mon fils et des autres!

— Il faut pourtant être juste — reprenait Faustine — à part quelques accès de colère lorsqu'on n'obéit pas assez vîte à ses volontés, madame est pour ses gens une excellente maîtresse... te souviens-tu qu'à Venise... elle a veillé sa nourrice, la pauvre vieille Paula, comme une fille aurait veillé sa mère...

— Il y avait un crime entre ces deux femmes — pensa Robert — dévoûment de complice à complice.

— L'on ne peut le nier — reprit Pietro — lorsque madame se met à être bonne, on ne saurait être meilleure...

— Ce qui l'a gâtée, vois-tu, c'est l'habitude de voir tout le monde à ses pieds...

— Cela se comprend ! si belle, si jeune, si riche.

— Et de l'esprit comme un démon !

— Et quelle musicienne ! quelle voix ! quel talent ! J'entendais toujours dire à Venise par le signor *Borelli*, l'impresario, que si madame la marquise n'avait pas été une grande dame, elle aurait pu débuter au théâtre et éclipser les plus fameuses cantatrices d'Italie !

— Cela ne m'étonne pas. Te rappelles-tu lorsqu'elle chantait aux concerts qu'elle donnait en dernier lieu dans son palais de Florence ? C'étaient des applaudissements, un enthousiasme comme on n'en a jamais vu...

— Les méchants disaient qu'elle ne mettait jamais plus d'expression dans son chant que lors de ses duos avec le ténor *Celio !*

— Il avait un grand talent, la feld-maréchale Lansberg, cette grosse Autrichienne aux yeux verts et aux cheveux roux, ne tarissait pas sur le mérite de ce beau ténor... et un jour..... malheureusement pour le seigneur feld-maréchal, sa femme a, dit-on...

— Je ne parle pas de la feld-maréchale, mais de notre maîtresse..... est-ce que Célio? hein, Faustine?... enfin tu dois savoir cela, toi?

— Je ne sais jamais des aventures de madame la marquise, que tout ce que le monde en sait!

— Oh, quand tu veux te taire, aucune puissance humaine ne te ferait parler.... tu es absolument comme madame!

— Que le ciel t'entende! quel heureux sort que le mien! je serais belle à éblouir, riche, grande dame, libre, adorée, pouvant tout ce que je voudrais : ah Pietro! quelle charmante vie que celle de madame la marquise! elle n'a que vingt-six ans! combien de belles années elle a encore à passer!

— Non, le terme fatal de ces belles années est fixé — se dit Robert avec une joie sinistre. — Oh! dès aujourd'hui les jours de ce monstre sont comptés! l'heure est venue...

Le tintement d'une sonnette interrompit l'entretien de Faustine et de Pietro.

— Madame sonne — dit la voix de la camériste — sans doute elle veut savoir si le guide est arrivé.

— Il me semble l'avoir vu entrer dans le jardin.

— Va t'en assurer; s'il est arrivé, dis-lui de venir prendre les ordres de madame la marquise.

XXXVI

La marquise d'Alfi, assise sous la galerie de sa demeure, avait donné l'ordre de conduire Robert près d'elle, il vint et elle lui dit :

— Je veux faire aujourd'hui une longue course... où me conduirez-vous ?

— Il est dommage, madame, que la journée soit déjà assez avancée.

— Pourquoi cela ?

— Le vent souffle du nord, le temps est très clair, on ne pouvait choisir un plus beau jour pour aller à la *Tournette*, la plus haute montagne du pays...

— Depuis mon séjour ici je désire faire cette excursion, nous allons partir.

— Je vous l'ai dit, madame, la journée est trop avancée.

— Qu'importe ?

— Nous n'arriverions que pendant la nuit au faîte de la *Tournette* et vous ne pourriez, madame, jouir du coup d'œil que l'on a de cet endroit ; de là l'on voit le Mont-Blanc, les Alpes, les lacs de la Suisse, et du côté de la France, on peut distinguer le cours du Rhône depuis Genève jusqu'à Lyon...

— Lyon... le Rhône... Genève ? — répéta Cornelia, tressaillant en songeant qu'à Lyon elle avait rencontré Julien, et qu'il avait cherché la mort à Genève dans les flots du Rhône. — Quoi ! — reprit-elle — du haut de cette montagne, la vue est aussi étendue ?

— Assez étendue pour que l'on distingue Lyon et le cours du Rhône depuis le lac de Genève — répéta Robert impassible — mais je vous le dis, madame, pour jouir de ce coup d'œil, il faut arriver de bon matin à la *Tournette*, et que le ciel soit sans nuages, comme il l'est aujourd'hui et comme il le sera presque certainement demain... le vent souffle du nord, et d'habitude ce vent dure plusieurs jours... si vous désiriez absolument faire cette excursion, je vous engagerais à profiter du beau temps et à la remettre à demain...

La marquise, irritée de voir son désir contrarié, frappa du pied avec impatience, puis elle voulut du moins se consoler en contemplant cette montagne du sommet de laquelle on apercevait Lyon... le Rhône... Genève, lieux qui lui rappelaient ces souvenirs à la fois sinistres et passionnés, où elle aimait à se plonger ; madame d'Alfi, descendant de sa galerie, sortit du jardin baigné par les eaux du lac, et suivit ses rives ombreuses jusqu'à une pointe assez avancée d'où l'on apercevait l'ensemble de la *Tournette.*

Cette montagne s'élevait à l'horison au-dessus d'un entassement de grands monts escarpés, couverts de verdure, ainsi qu'elle en était elle-même couverte jusqu'aux deux tiers de sa hauteur, cinq mille pieds environ (1) ; mais au delà, toute végétation

(1) Cette latitude est toujours supposée *au-dessus du niveau de la mer.*

cessait, ce n'était plus que des masses volcaniques grises, arides, découpant leurs arêtes vives, leurs pitons aigus, leurs crêtes tranchantes et contournées, sur l'azur du ciel, alors d'une sérénité parfaite, la *Tournette*, à son sommet, formait une espèce de plateau de roches demi-circulaire, au-dessus duquel était comme implanté un bloc énorme et isolé qui, en raison de son incommensurable attitude, semblait voilé par une brume légère, quoique l'atmosphère fut d'une extrême limpidité.

Cornelia, immobile, mesurant d'un regard fixe et ardent le point culminant de la *Tournette*, éprouvait cette espèce de fascination vertigineuse, que donne l'immensité des profondeurs, après être restée longtemps silencieuse et pensive, elle désigna du doigt le géant des Alpes, et dit à Robert :

— Au dessus de cette dernière ceinture de roches qui couronnent cette montagne, je vois une roche isolée.

— Oui, madame, cette roche a près de cent pieds de hauteur, sur cent cinquante de largeur... (1) c'est ce qu'on appelle le

---

(1) La mesure exacte de ce roc, appelé le Vautour, est de 94 pieds de hauteur, sur 145 de diamètre, il a été dernièrement encore mesuré par M. *le docteur Bouvier*, l'un des géologues et des botanistes les plus éminents de la Savoie. M. le docteur Bouvier, qui possède un magnifique herbier de la flore des Alpes, recueilli par ses soins dans les montagnes, a professé à Annecy plusieurs cours avec le plus grand succès, contribuant ainsi puissamment à répandre dans cette ville le goût de la science et de l'étude.

fauteuil de la Tournette, on l'appelle ainsi parce qu'il sert de lieu de repos.... après l'ascension...

— Peut-on parvenir jusqu'à cette cîme extrême ?...

— Madame, les gens très hardis osent seuls monter jusqu'au *fauteuil*.

— J'irai ! — s'écria Cornelia, les narines gonflées, l'œil étincelant, — j'y veux aller...

— Madame ! écoutez-moi...

— J'irai !

— Madame, il ne s'agit pas ici d'un jeu

d'enfant. D'abord la montée de la *Tournette* se fait à travers des précipices......, des abîmes.....

— J'aime l'abîme...

— Ces dangers évités, il faut pour approcher du pied du *fauteuil*, d'abord traverser, sur la neige, un glacier très rapide que vous ne pouvez apercevoir d'ici, et ensuite.....

— Quelqu'un l'a-t-il traversé ce glacier ?

— Moi, je l'ai traversé.

— Hé bien, alors ?

— Ce n'est pas tout, madame ; le *fauteuil*, élevé à pic de tous côtés, se présente comme une muraille de roc de près de cent pieds de hauteur et...

— Finissons ! — reprit Cornelia en frappant du pied. — Quelqu'un est-il monté à ce *fauteuil* ?

— Moi, j'y suis monté...

— Ne me parlez donc plus de difficultés, d'impossibilités, je veux aller là... j'irai !

— Madame, il est de mon devoir de ne pas vous tromper sur les dangers de cette ascension, le premier habitant du pays vous les signalerait, et vous me reprocheriez de ne vous avoir point dit la vérité. Vous me prenez pour guide..... je réponds de vous... et s'il vous arrivait malheur...

— Il ne m'arrive jamais malheur à moi, — dit la marquise avec un sourire sardonique — le bon Dieu me protége...

— Soit... mais enfin, madame, vous avez aussi bon vouloir, aussi bon courage que moi, mais pourriez-vous, comme moi, soulever un poids de deux cents livres ?

— Que me parlez-vous de soulever des poids? il s'agit de monter.

— Oui, madame, mais de monter le long d'une muraille de cent pieds d'élévation, sans autre appui que quelques saillies de roches, tout au plus suffisantes pour y poser le bout du pied, il faut se cramponner avec les mains en enfonçant ses doigts dans des trous creusés entre les pierres où ils peuvent à peine s'introduire : c'est donc tantôt la pointe d'un seul pied, tantôt la main qui supporte tout le poids du corps au-dessus des précipices dont est entourée de tous côtés la base du *fauteuil*... Ce n'est pas le courage... c'est la force qui vous manquerait.

— Ce que je veux... je le peux — répondit la marquise, surexcitée par les difficultés et par les périls de l'entreprise. — Je veux aller là... j'irai.

— En ce cas, madame, il n'y a qu'un

moyen de vous faire parvenir jusqu'au faîte de la Tournette, mais une grande dame comme vous ne consentirait peut-être pas à.....

— Parlez... parlez... je fais, quand il me plaît, litière de ma grandesse.

— Pour arriver jusqu'au *fauteuil*, il faut d'abord monter environ soixante pieds à travers une étroite crevasse, creusée à pic dans les roches par l'eau des pluies et de la fonte des neiges, l'on ne peut se hisser dans cette crevasse qu'en s'aidant des mains, des coudes, des genoux, des pieds, comme font les ramoneurs dans une cheminée, aussi appelle-t-on ce passage: *la cheminée*, la descente est plus difficile encore, car enfin en montant l'on voit du moins la cavité où l'on se cramponne des doigts, la saillie où l'on va poser son pied. En descendant ce n'est plus ça : la figure presque collée à la muraille, il vous faut chercher, tâtonner aveuglément, et l'on a au-dessous de soi... l'abîme ; faute d'habitude, vous ne pourriez ni monter ni descendre ainsi : voilà ce qu'il y aurait à faire, je passerais le premier, muni d'une forte corde que je... mais non, madame... vous ne voudrez jamais...

— Achevez donc !

— Je disais, madame, que muni d'une longue corde que je vous aurais attachée sous les bras, je m'avancerais le premier, et puis arrivé à une roche qui se trouve à l'extrémité de la cheminée, je vous soutiendrais du moyen de la corde, et avec du courage et de l'adresse vous pourriez monter ainsi (1), peut-être même il y aurait aussi moyen de se servir d'une échelle de corde; je la ferais confectionner d'ici à ce soir.

— Peu m'importe; le courage, l'adresse et le sang froid ne me font jamais défaut.

— A la bonne heure, madame, car, je

(1) Cette dangereuse ascension a été ainsi exécutée avec une rare intrépidité par *madame Lachenal*, dans tout l'éclat de sa jeunesse et de sa beauté. M. le *docteur Lachenal*, naguère premier officier du ministère de l'intérieur, membre du corps législatif, et syndic d'Annecy, a su se concilier l'estime et l'affection générale, par son noble caractère, son savoir et sa rare aptitude administrative.

vous en préviens, vous serez ainsi suspendue au dessus de précipices... terribles!

— Au pont de Saint-Clair, j'ai contemplé l'abîme sans pâlir. Mais une fois arrivée à cette pierre dont vous parlez... serons-nous au faite de la Tournette?

— Oh non, madame... il restera le pas le plus difficile.

— Qu'est-ce donc?

— La *cheminée* aboutit à un quartier de rocher jeté comme un pont sur une échancrure qui sépare en deux la cime du fauteuil; cette pierre très étroite, on ne peut la traverser que debout, ou si l'on n'a pas la tête, assez ferme, qu'en rampant sur les genoux et sur les mains; or, dans cette position, l'on regarde forcément au-dessous de soi et dame.. l'on voit que l'on rampe sur une pierre étroite... à une hauteur de huit à neuf mille pieds...

— Ramper! — s'écria la marquise avec un geste de superbe dédain pour le danger — à une élévation pareille on ne rampe pas... l'on plane!

Madame d'Alfi prononça ces mots avec un tel accent d'enthousiasme et d'indomptable résolution, que Robert, frappé de l'audace de cette créature, resta un moment silencieux, puis il reprit :

— Ce pont traversé, l'on arrive au *fauteuil*... le lieu du repos...

— Et de là — reprit madame d'Alfi, presque palpitante — l'on aperçoit Lyon... le Rhône... Genève ?

— Oui — reprit Robert, ne pouvant maîtriser une légère altération dans sa voix — oui, de là, madame... nous verrons Lyon... nous verrons le Rhône... nous verrons Genève...

La marquise, ne remarquant pas l'involontaire et sombre contraction des traits de son guide, jeta sur la *Tournette* un regard de défi triomphant et se dit :

— Atome auprès de toi, montagne orgueilleuse, aujourd'hui tu m'écrases de ton immensité! mais demain, par la force de ma volonté... demain, debout à ton faîte, je foulerai ta cîme altière sous ma bottine! ma vue, aujourd'hui bornée, demain plongera dans l'infini! demain, pour moi, la distance s'effacera! les monts s'applaniront et je verrai Lyon et le Rhône à mes pieds! Lyon... cette ville où avant de m'avoir connue... tu vivais heureux, pauvre Julien !... le Rhône! ce fleuve... où après m'avoir connue tu as cherché la fin de tes tortures! oh! que de pensées... que de pensées s'éveilleront dans mon âme, lorsque planant sur cet horizon sans limites, je découvrirai, au loin, ces lieux témoins de ton amour et de ta mort; et pourtant je ne saurais plaindre ton sort, adorable enfant! Jamais vivant n'a pu m'arracher une larme... et à ton souvenir, j'ai pleuré... je pleure... mon Julien!

Et madame d'Alfi, oubliant la présence de son guide, laissait couler ser larmes, les yeux toujours fixés sur la cîme de la *Tournette*.

Robert contemplait la marquise avec un nouvel étonnement : pour la seconde fois il la voyait pleurer, sans pouvoir s'expliquer la cause de ces larmes, mais telle était la haine, l'horreur que Cornelia lui inspirait, horreur encore augmentée par différentes particularités de l'entretien dont il s'était trouvé l'auditeur involontaire, qu'il attribuait ces pleurs à quelque ressentiment hypocrite ou infâme!

Après quelques moments de silence, madame d'Alfi, regagnant sa demeure en suivant les rives du lac, reprit en s'adressant à Robert :

— A quelle heure partirons-nous, demain ?

— Afin de ne pas trop vous fatiguer, madame, vous devriez aller en voiture jusqu'aux environs de la chapelle de Saint-Germain. La lune se lèvera vers minuit, en partant de Veyrier à onze heures du soir, par la fraîcheur de la nuit, vous pourrez arriver à la cîme de la Tournette de bon matin, et voir le soleil se lever derrière le Mont-Blanc. Je vous attendrais sur la route, près de la chapelle de Saint-Germain, car à environ une lieue au delà, il faudra quitter votre voiture.

— Soit, répondit madame d'Alfi ensuite d'un moment de réflexion — je partirai d'ici ce soir, en voiture, avant minuit..... et je vous trouverai au rendez-vous convenu.

— Enfin..... elle a sonné..... l'heure de l'expiation — se dit Robert en quittant Cornelia ; — ô mon fils ! demain, tu seras vengé...

XXXVII

Vers la fin de ce jour où Robert était convenu avec la marquise de la conduire à la *Tournette* pendant la nuit suivante, il se rendit à la maison de Fanchette, sachant qu'il ne la trouverait chez elle qu'au retour de ses travaux agrestes ; il l'entendit de loin chanter avec une expression dont il fut frappé. L'accent, la voix de la jeune fille annonçaient plus et mieux que de la gaîté : l'on pressentait l'épanouissement d'un cœur que la félicité déborde, et elle s'épanchait dans ce chant naïf où vibrait, ou palpitait le bonheur !

Fanchette, tout en chantant, penchée sur le réservoir rustique, lavait des racines pour le repas du soir, les trois petits enfants qu'elle affectionnait comme une mère, jouaient loin de là sur le gazon avec les chevreaux ; la jeune fille s'étourdissait tellement aux doux éclats de sa voix fraîche et pure, qu'elle ne s'aperçut de la venue de Robert que lorsqu'il fut près d'elle, lui disant :

— Vous êtes très gaie ce soir, Fanchette?

— Je crois bien, j'ai de la joie plein le cœur.

— Et d'où vient tant de joie?

— Vous ne savez pas?... IL arrive demain.

— Votre fiancé?

— Mon Dieu, oui... il m'a fait donner cette bonne nouvelle par quelqu'un de Pesay, qui passait par ici..... ma mère est comme moi, heureuse ! heureuse à n'y pas croire : « voilà *mon fils* arrivé ! — a-» t-elle dit en pleurant de joie — voilà » ma Fanchon contente..... » — Ma mère a raison, j'ai le cœur si content que je n'en dormirai pas pour sûr de la nuit !

— L'époque de votre mariage sera donc avancée ?

— Certainement, mon promis a tant et tant travaillé, qu'il a gagné en quatre mois ce qu'il devait gagner en six, ça fait que nous nous marierons deux mois plus tôt.

— Tenez, Fanchette — dit Robert en lui

offrant un anneau d'or où était enchassée une petite cornaline gravée — voici votre bague de mariage.

La jeune fille regardait l'anneau avec ébahissement sans oser le prendre.

— A moi! cette bague? — reprit-elle — et pourquoi me la donnez-vous?

— Afin que vous conserviez un souvenir de moi... lorsque vous ne me verrez plus.

— Ah! mon Dieu — s'écria Fanchette avec une expression de pénible surprise qui soudain attrista sa riante et douce figure — est-ce que vous voulez quitter le pays.

— Oui.

— Et quand cela?

— Cette nuit.

— Pour longtemps?

— Pour toujours, Fanchette...

— Pour toujours !

Et la jeune fille, sans songer à l'anneau que Robert lui présentait, appuya l'une de ses mains sur le bord du réservoir, soupira, une larme roula dans ses jolis yeux bleus et elle reprit :

— Comment? vous partez! est-ce possible ! vous partez !

— Mon départ vous afflige?

— Oh! beaucoup... vous m'avez empêchée d'être tuée... et puis quoique bien triste, vous êtes d'une grande bonté; je vous voyais rarement, mais je savais que vous étiez là haut : dans *la maison de Rousseau*; et c'était pour moi comme une petite fête quand, pendant votre absence, je vous portais quelque chose que vous deviez trouver le soir en rentrant, enfin je ne sais quoi me dit : que pour vivre ainsi tout seul, il faut que vous ayez une peine, et l'on s'attache à ceux qui ont des peines parce qu'ils sont à plaindre.

— Vous ne vous trompez pas, Fanchette, j'ai un cruel chagrin!

— Est-ce que vous n'en souffrirez pas autant ailleurs qu'ici ?... pourquoi donc vous en aller?

— J'espère que là... où je vais... je ne connaîtrai plus de chagrin..

— C'est différent, alors vous avez raison de partir... mais c'est grand dommage... je n'ai pas besoin que vous soyez près d'ici pour me rappeler que sans vous j'étais morte : seulement je ne pourrai plus vous montrer ma souvenance de votre bon secours, et cela me contentait. Pensez donc? si j'étais morte pourtant? qu'est-ce que serait devenue ma mère qui ne peut presque plus aller aux champs? et ces chers petits orphelins? et *lui*? qui pour nous marier plus tôt a tant... tant travaillé? voyez? combien de monde en peine si vous ne m'aviez pas empêché de me tuer dans le ravin de Chavoire! et maintenant vous partez... ah, c'est triste! non, ce n'est pas triste, puisque là où vous allez, vous n'aurez plus, dites-vous, de chagrin, mais j'aurai toujours le cœur gros, quand en passant dans les champs, je verrai là haut, la maison de Rousseau!

Et du revers de sa main Fanchette essuya les larmes qui roulaient sur ses joues rondes et hâlées.

— Il est peu de cœurs meilleurs que le vôtre, mon enfant — répondit Robert avec émotion — je vous dois les seules consolations qui aient adouci mon chagrin. Gardez donc, je vous prie, cette bague en souvenir de moi — et prenant la main de Fanchette, il lui mit au doigt l'anneau que, dans sa tristesse, elle ne songea point à regarder, puis il ajouta en tirant de sa poche un petit paquet assez lourd, soigneusement enveloppé — je vous prie, mon enfant, de garder encore ceci en mémoire de moi... et d'attendre à après-demain matin pour ouvrir ce papier... vous y trouverez quelques lignes de mon écriture, elles vous instruiront de ce que j'attends de vous.

Fanchette reçut machinalement dans sa main le petit paquet, se souciant peu de connaître son contenu, puis elle dit à Robert en pleurant :

— Et pour sûr cette nuit vous partez... c'est la dernière fois que je vous vois ! que je vous parle ?

— Je pars cette nuit avant le lever de la lune, adieu Fauchette... si... j'avais eu un fils,.. j'aurais désiré qu'il rencontrât dans la vie une compagne comme vous ; encore adieu, mon enfant, laissez-moi vous baiser au front... avant de nous quitter pour toujours...

La jeune fille, inclinant sa tête sur son sein, où roulaient ses larmes, offrit avec candeur son front à Robert, il y déposa un baiser paternel, tandis que la jeune fille lui disait d'une voix étouffée :

— Allons... puisqu'il le faut... adieu... adieu !

Robert, profondément impressionné, s'éloigna précipitamment; mais au bout de quelques pas, il se retourna pour adresser du geste un dernier adieu à Fanchette, il la vit debout, le suivant du regard, et entourée des trois petits enfants qui, groupés autour d'elle et prenant ses mains qu'ils baisaient, semblaient lui demander la cause de ses larmes.

XXXVIII

La marquise d'Alfi avait, selon le conseil de Robert, pris une voiture qui devait la conduire jusqu'à Saint-Germain, où en laissant à droite le chemin de *Montmin*, elle devait commencer l'ascension de la *Tour-*

nette; en vain Faustine, effrayée des fatigues, des périls auxquels s'exposait sa maîtresse en compagnie d'un inconnu, la supplia de permettre à Pietro de monter sur le siége à côté du cocher, puis de prendre ensuite part à l'excursion, Cornelia, souriant des craintes de sa camériste, alluma une cigarette de tabac turc et partit seule, vêtue de ses habits d'homme ; ayant quitté longtemps avant minuit le village de Veyrier, elle voyageait dans un *char-de-côté*, ainsi qu'on appelle en ce pays, de petites voitures fort basses, fort légères, où l'on est assis latéralement, et qui ainsi parfaitement appropriées aux promenades, laissent toute latitude à la vue.

Depuis Veyrier jusqu'à la rampe au-dessus de laquelle s'élève la chapelle de *Saint-Germain*, lieu de rendez-vous donné à Robert, la marquise fut dans un continuel enchantement.

La nuit était tiède, le ciel d'une admirable sérénité, la lune alors en son décours se levant tard et ne se couchant qu'à l'aurore, jetait ses flots de douce lumière sur le paysage, aussi brillamment éclairé qu'en plein jour ; la voiture, après avoir traversé le village de *Menthon*, se dirigea vers la chapelle de Saint-Germain par une montée taillée dans le roc et d'un accès très difficile, le cheval attelé au *char-de-côté* cheminait lentement, péniblement : madame d'Alfi descendit de voiture afin de mieux jouir du tableau qui s'offrait à ses regards ; à mesure qu'elle gravissait la rampe de *Saint-Germain*, elle voyait à ses pieds le délicieux bassin de Talloires, et sa vue, n'étant plus arrêtée par le *Roc-de-Chère* qu'elle dominait, embrassait le lac dans toute son étendue, depuis Annecy jusqu'à l'entassement de montagnes étagées au fond de la baie. Ces sites, ainsi éclairés par la lune, prenaient aux yeux de Cornelia une apparence presque fantastique! les guérets, les prairies, les bois qui couvraient les monts du premier plan, se confondaient dans une teinte uniforme, comme si l'estompe eût passé sur leurs couleurs si vives, si variées durant le jour; les cimes bleuâtres plus éloignées, se perdant à l'horizon, prenaient des nuances d'opale et de nacre, tandis que la noire silhouette des montagnes restées dans l'obscurité tranchait sur l'azur du ciel diamanté d'étoiles et sur la nappe argentée qui dessinait le liquide contour du lac.

—Oh Julien! — pensait Cornelia—j'aime à évoquer ici ton angélique image, pâle et voilée, comme l'est à cette heure la nature si éblouissante aux feux du soleil. Pauvre âme! ombre chère!... ne te vois-je pas planer là-bas au milieu de ces vapeurs nocturnes ?

Et madame d'Alfi, debout au bord du chemin, s'abandonnait à ces rêveries, à ces visions dont elle nourrissait son étrange amour; soudain elle tressaillit entendant la voix de Robert qui, venu à sa rencontre, lui dit:

— Madame, vous ne devriez point ainsi vous fatiguer à l'avance.

— Que me voulez vous ? — reprit impatiemment la marquise, ayant à peine entendu les paroles de son guide.

— Madame, je vous attendais près de la chapelle de Saint-Germain ; j'ai entendu de loin le bruit des grelots du cheval et je suis venu. Excusez... mais je vous disais qu'ayant une longue route à parcourir, vous ne devriez pas vous fatiguer à l'avance, croyez-moi, restez dans votre voiture tant qu'elle pourra cheminer.

Soit que la marquise sentit la justesse des observations de son guide, soit qu'elle voulut complètement s'isoler pour se livrer à ses pensées, elle remonta dans le *char-de-côté* qui, dépassant Saint-Germain et laissant à droite la route de *Montmin*, traversa un vallon et s'engagea dans une voie rocailleuse et très étroite (1).

Robert suivait silencieusement la voiture, s'appuyant sur son long bâton, terminé d'un côté par une pointe de fer et de l'autre par

---

(1) Il existe trois principaux passages par où l'on peut opérer l'ascension de la Tournette : par *Saint Germain*, par *Montmin* et par *Thônes* ; ce dernier est le plus facile et le moins dangereux, mais le chemin de Saint-Germain est plus pittoresque, plus accidenté; on trouve facilement des guides à Thônes ou à Montmin, où l'on va généralement coucher; mais si la lune est brillante, l'ascension nocturne est admirable.

une corne de chamois ; il portait, enroulée et attachée sur ses épaules, une échelle de cordes garnie de légères traverses de bois et de deux crochets de fer, instrument d'ascension qu'il avait fait récemment confectionner.

Au bout de quelque temps de marche, la route qui coupait un taillis de coudriers, d'aubépines et de cornouillers massifs, çà et là espacés par des terrains verdoyants, devint si resserrée, si rocailleuse et parfois si rapide, que le cheval du char trébucha, faillit plusieurs fois s'abattre et le cocher déclara qu'il ne pouvait, sans danger, aller plus loin. Cornelia descendit lestement de voiture, et Robert lui dit :

Madame, vous serez sans doute très fatiguée au retour, moi, je vous conseillerais de donner l'ordre au cocher de vous attendre dans l'une des métairies voisines de la chapelle de Saint-Germain.

— Soit — dit madame d'Alfi. — Marchons!

Le *char-de-côté* rebroussa chemin; pendant assez longtemps encore, grâce au profond silence et à la sonorité de la nuit, l'on entendit au loin le tintement des grelots du cheval. Enfin, le bruit de plus en plus affaibli s'éteignit tout à fait...

— Enfin, nous voilà seuls! — se dit Robert — seuls!!

Et il continua de précéder madame d'Alfi, à travers le taillis, suivant la route ardue que prennent les troupeaux pour monter lors de la belle saison, dans les pâturages des plateaux supérieurs; au taillis succéda une forêt de sapins étagés en amphithéâtre : en quittant un parcours brillamment éclairé par la lune pour pénétrer dans ces bois touffus et sombres, Cornelia éprouva d'abord cette espèce d'aveuglement, résultant du brusque contraste de la lumière et des ténèbres; elle ne voyait rien à deux pas devant elle, et hésitait à s'avancer. Robert, habitué aux excursions nocturnes et connaissant la route, pouvait se guider; aussi dit-il à madame d'Alfi, en lui mettant dans la main la corne de chamois, fixée à l'une des extrémités de son long bâton :

— Prenez ceci, madame... je tiendrai l'autre bout du bâton, et vous me suivrez ainsi jusqu'à ce que vos yeux se soient accoutumés peu à peu à la nuit de ces bois.

Bientôt en effet, la vue de Cornelia se familiarisant avec l'obscurité çà et là faiblement dissipée par quelque rayon lunaire filtrant sa pâle clarté à travers les branchages des sapins, elle put distinguer les sinuosités du chemin qu'elle gravissait, et à quelque distance la noire silhouette de son guide...

Toute autre que la marquise eût éprouvé un vague sentiment de crainte, en s'avanturant à une pareille heure dans ces lieux déserts; rien de plus majestueux que cette forêt, plantée de sapins de cent pieds d'élévation, couvrant des tapis de mousse semée çà et là de campanules et de saxifrages à feuilles rondes : si touffus étaient ces arbres séculaires, que rarement, à travers l'écartement de leurs flèches, on apercevait un coin du ciel étoilé ; d'assez vastes clairières interrompaient de temps à autre l'obscurité de cette futaie et sur leur gazon où la lune épandait sa blanche lumière se projetaient les grandes ombres des sapins ; aux abords de la clairière, les troncs et les rameaux des arbres moins pressés, se dessinaient dans une pénombre bleuâtre à demi transparente comme une lueur crépusculaire : le bouillonnement des eaux grondantes au fond du ravin qui coupe la forêt, le sourd bruissement des branchages agités par les vents et semblable au murmure de la mer déferlant sur la grève, le vol soudain d'un oiseau de nuit éveillé par l'approche des pas de l'homme, troublaient parfois le silence imposant de ces solitudes, pleins de mystères et de ténèbres, où Cornelia, dans son avidité d'émotions fiévreuses, évoquait l'image de Julien, non plus mélancolique et douce, mais livide, mais effrayante comme l'agonie...

XXXIX

—

Le chemin, frayé à peine à travers cette forêt, devenait très abrupt, un air plus frais, plus vif, plus subtil annonçait le voisinage des plateaux supérieurs de la *Tournette*; les arbres moins vigoureux, plus clair-semés se rabougrissaient, se contournaient, les vastes clairières gazonnées s'étendaient davantage. Telle était l'attitude croissante de ces régions, que les sapins même y végétaient difficilement; bientôt ils disparurent tout à fait et Cornelia vit se dresser devant elle les pentes presque perpendiculaires, de vastes pâturages composés de graminées d'une finesse extrême (1), aromatisés par une douce senteur de vanille qu'exhalaient de nombreuses orchidées (2) à demi cachées dans l'herbe.

— Madame — dit Robert en s'arrêtant — vous devez pourtant commencer à être lasse ?

(1) *Nardus stricta.* — LINNÉE.

(2) *Orchis nigra.* — ALL.

— Non — reprit la marquise. — Je n'ai pas eu le temps de songer à la fatigue...... la route depuis Saint-Germain est admirable !

— Si vous m'en croyez, madame, nous nous reposerons ici quelques instants...

— Avons-nous encore beaucoup de chemin à parcourir ?

— Oui, beaucoup ; lorsque nous aurons traversé ces prairies rapides et glissantes, nous nous trouverons près du châlet de la croix, nous serons alors tout au plus aux deux tiers de la hauteur de la Tournette.

—Et arriverons-nous au *fauteuil* avant le lever du soleil ?

— Je l'espère, madame, car à partir du châlet, il ne nous restera plus à gravir que plusieurs bancs de roches pour atteindre le glacier qui entoure le pied du *fauteuil*... nous devons donc encore marcher pendant deux heures, cette marche sera difficile, périlleuse... aussi je vous conseille de vous reposer ici afin de reprendre haleine.

— Je ne ressens aucune lassitude, vous dis-je.

— Je vous assure, madame, qu'il faut ménager vos forces — reprit Robert — sans quoi, vous arriveriez épuisée aux abords du *Fauteuil*, il vous serait impossible de parvenir à son sommet, malgré mon aide, et vous perdriez le plus beau coup d'œil de votre ascension à la Tournette. Nous ne nous remettrons en marche que dans une demi-heure ; excusez, madame, un pauvre homme comme moi de vous contrarier, mais je suis votre guide et je connais les difficultés de la route.

Ce disant, Robert s'assit sur l'herbe.

— Reposons-nous donc ! — reprit impatiemment Cornelia — quoique je n'aie nullement besoin de repos.

Et tirant de la poche de son paletot de soie un étui d'or contenant ses cigarettes, elle en alluma une, et s'assit sur l'herbe à quelques pas de son guide, quoiqu'elle ne ressentît encore, ainsi qu'elle le disait, aucune fatigue ; cette organisation énergique, nerveuse, dont l'esprit en ce moment subjuguait la matière, ne devait éprouver que plus tard la réaction forcée du physique sur le moral, mais en ce moment, soutenue, exaltée par son enthousiasme croissant pour ces grands tableaux de la nature alpestre, elle ne ressentait qu'un sentiment : l'admiration ; elle n'avait qu'une volonté : fouler sous ses pieds la cîme de la Tournette et embrasser du même coup d'œil... Lyon... Genève... le Rhône !!!

Pendant que Robert, absordé dans ses secrètes et noires pensées, était assis sur l'herbe, son front caché dans ses mains, madame d'Alfi envoyant au vent la légère fumée de sa cigarette, contemplait l'immeuse horizon déjà découvert à ses yeux ; les montagnes que dominent la Tournette dressaient à mille pieds au dessous d'elle leurs crêtes bleuâtres, ici à demi noyées d'ombre, ailleurs reflétant la lumière argentée de la lune, et se dessinaient sur l'azur de l'horizon ; seuls, le *Parmelan* et le *Semenoz*, que n'écrasaient pas la hauteur de la Tournette, conservaient encore leurs majestueuses proportions. Cornelia vit aussi à une profondeur énorme, le lac d'Annecy étinceler comme une plaque de métal; enfin, au-delà de la pente des pâturages s'amoncelaient d'énormes gradins de roches nues, grises, crevassées à arêtes vives, et entourés de précipices au-dessus desquels s'élevait la masse du *Fauteuil*, taillée à pic de tous côtés...

— Dans deux heures... je serai là !... — dit madame d'Alfi, avec un accent de triomphe. Soudain un bruit lointain dont elle ne se rendit pas compte la fit tressaillir... ce fut d'abord une vibration légère, argentine, apportée par la brise nocturne, puis d'autres vibrations plus sonores, plus prolongées, tour à tour graves, claires ou aiguës, se joignant à la première formèrent une sonnerie d'une originalité charmante ; tantôt vive précipitée, retentissante.. tantôt lente et entrecoupée de longs silences, auxquels succédaient çà et là quelques tintements isolés... on aurait cru entendre le son d'une foule de clochettes aériennes d'un tonique différent, résonnant ou se taisant selon le souffle capricieux du vent.

— Quel est ce bruit? — dit vivement la marquise à Robert en se rapprochant de lui — il n'y a en ces lieux déserts ni église, ni chapelle et cependant l'on entend au loin le son des cloches?

— Ce sont les vaches qui là haut sortent des châlets parce que la nuit va bientôt finir, presque toutes ont au cou une clochette de grosseur différente... c'est cette sonnerie qui arrive jusqu'à nous, madame... il doit être maintenant quatre heures du matin...

— Combien j'aime cette harmonie agreste — disait Cornelia en prêtant de nouveau l'oreille à cette sonnerie éloignée — jamais musique d'opéra ou de salon ne m'a causé une impression si douce... et puis le parfum de ces prés aromatiques, la sérénité de cette belle nuit aussi brillante que le jour, tout me ravit! tout m'enivre!... oh, je veux souvent revenir ici...

— Je crains, madame, qu'une fois l'ascension faite... vous n'ayez pas envie d'en recommencer une seconde — dit Robert avec un sourire amer — c'est si fatigant; vous n'êtes pas encore là haut! le chemin jusqu'ici quoique difficile est une allée de jardin auprès de ce qui nous attend, quand nous aurons traversé ces prairies... allons, madame, remettons-nous en marche.

XL

—

La marquise et son guide, après avoir assez longtemps cheminé, gravissant la pente des pâturages, en continuant de s'élever vers la cîme de la *Tournette*, aperçurent au loin le châlet d'où était sorti le bétail, aux approches du point du jour; Cornelia de nouveau s'arrêta pour entendre la rustique harmonie des clochettes.

En ce moment une lueur presque imperceptible commença vers l'orient de blanchir la courbe profonde de l'horizon, quoique la lune resplendit encore.

— L'aube ne tardera pas à paraître! — dit Robert — allons, madame, du courage. Nous aurons bientôt atteint le faîte des prairies du châlet, alors commenceront les véritables dangers de l'ascension, et ils iront toujours croissant jusqu'au terme de notre course. Etes-vous décidément bien résolue d'aller jusqu'au bout? de monter au *fau-*

teuil... du haut duquel nous verrons Lyon... le Rhône... Genève ?

Ces derniers mots et le doute que le guide exprimait sur la résolution de la marquise la firent bondir et elle s'écria :

— Quand je devrais arriver là haut, épuisée, les pieds, les mains et les genoux saignants... j'y arriverai, je le veux ! marchez, je vous suis !

— Alors, madame, préparez-vous à vous appuyer sur mon épaule, à prendre au besoin ma main... et surtout ne regardez pas à vos pieds lorsque je vous ferai cette recommandation, car, quel que soit votre courage, nous allons côtoyer de grands précipices et malgré vous la tête pourrait vous tourner... voyez... il faut que nous arrivions d'abord là haut.

Et du geste Robert indiquait à madame d'Alfi une seconde montagne qui semblait etagée sur la masse principale à l'endroit où cessaient les prairies, c'était un entassement de bancs de roches superposés les uns aux autres, et n'offrant d'autres moyens d'ascension que de profondes fissures ou d'étroites corniches, aucun sentier n'était pratiqué ni praticable au milieu de ce chaos désolé... quelques mousses brunes, quelques pâles lichens ou de petits saxifrages à fleurs blanches étoilées croissaient seuls entre ces anfractuosités rocailleuses; il fallait gravir ces gradins de roche en roche, choisir les endroits où l'on pouvait sûrement appuyer le pied ou cramponner ses mains, et souvent ces périlleux passages surplombaient des abîmes d'une incalculable profondeur...

Madame d'Alfi, suivant intrépidement un guide qui déployait autant d'adresse, de vigueur, de prudence et de sang-froid que de sollicitude, traversa, grâce à lui, sans accident ces escarpements ; fallait-il côtoyer un précipice dont le vide pouvait causer quelque vertige à Cornelia, Robert s'effaçait, se plaçait entre elle et ce précipice comme une statue de pierre et offrait l'appui de son vigoureux poignet à sa compagne ; ou bien encore arc-boutant son bâton à un roc, il improvisait ainsi une sorte de rampe tutélaire ; une large crevasse, dont l'on ne pouvait sonder le fond, barrait-elle le passage, Robert, dans la position du colosse de Rhodes, un pied sur chacun des bords de l'ouverture béante, tendait sa main à Cornelia et grâce à cet aide, celle-ci, souple et légère, franchissait l'obstacle: la pente de plus en plus rapide et surplombant quelque ravin devenait-elle doublement dangereuse en raison des cailloux roulants dont elle était semée, Robert, s'appuyant de la main gauche sur son bâton, tendait la droite à la marquise, cheminait devant elle et l'attirait à lui, l'aidant ainsi à gravir la pénible montée, mais se disant tout bas :

— Monte, femme.... monte.... monte à ta tombe!

Et cependant à voir cet homme, à barbe grise, veiller avec tant de soin, tant de vigilante et inquiète sollicitude à la sûreté de cette jeune femme vêtue d'habits masculins, on eût dit un père guidant la marche de son fils adolescent.

— Encore quelques pas! — madame — disait Robert s'apercevant que, malgré l'incroyable énergie de madame d'Alfi, la lassitude rendait sa marche chancelante — bientôt nous arriverons au pied du fauteuil, là nous prendrons un moment de repos... le jour va paraître... vous verrez le soleil se lever derrière le Mont-Blanc... c'est un beau coup d'œil... courage!

— J'ai du courage — reprit la marquise

haletante, et se raidissant par un effort désespéré contre l'épuisement dont elle se sentait accablée — non! ma volonté ne cèdera pas à la fatigue de mon corps, non !.. j'irai là haut! je verrai Lyon... Genève.... le Rhône !...

Et trouvant dans son indomptable vouloir, un nouvel élan, madame d'Alfi se remit en marche étreignant avec une force convulsive la main de Robert qui, la précédant, la traînait après lui; en contournant ainsi la montagne ils atteignirent le versant opposé à celui qui domine le lac d'Annecy, et les premières neiges du glacier qui s'élève en pente rapide jusqu'à la plate-forme au milieu de laquelle on aperçoit le *fauteuil*.. à son aspect, la marquise, se voyant presque arrivée au terme de son ascension, jette un cri de joie, ses forces défaillantes renaissent... elle s'avance, toujours soutenue par Robert, qui la précède sur la pente du glacier dont la neige durcie craque sous le pied. Déjà une lueur rosée s'étend à l'orient et se dégradant peu à peu va se fondre au zénith dans la transparence azurée du ciel... tandis que la lune toujours éclatante descend vers l'occident.

— Le soleil !... — le soleil ! — s'écrie Cornelia — il va se lever derrière le Mont-Blanc !

Tout à coup un bruit étrange... presqu'effrayant, surprend la marquise; à quelques pas d'elle, une nuée de corbeaux de montagne, gros comme des aigles, s'élèvent en tournoyant au dessus d'un escarpement qui les avait jusqu'alors abrités, leur vol pesant fut si soudain, si bruyant, que mrdame d'Alfi tressaillit, et dans ce brusque mouvement de surprise elle trébuche, le pied lui manque, elle tombe, entraîne son guide en se cramponnant à sa main : en vain, il veut retenir sa compagne... tous deux glissent sur cette pente de neige unie et rapide qui aboutit à des profonduers incalcubler, au milieu desquelles l'sn aperçoit les sinuosités des vallées de Thônes et de Serraval.

Robert, au moment de sa chute, tenait et conserva son long bâton armé à son extrémité d'une pointe de fer, et il tenta par un effort désespéré, en laissant couler sa main presque jusqu'à la douille de cette pointe, de la planter dans la neige congelée... il y réussit... se cramponnant alors vigoureusement à ce bâton enfoncé dans la couche à demi-glacée, il put, grâce à ce point d'arrêt, résister à l'impulsion qui le précipitait sur la rampe, et s'y maintenir immobile ainsi que Cornelia, dont la main serrait toujours désespérément celle de son guide.

— Cette infernale créature est douée d'un rare courage ! — pensa Robert, car madame d'Alfi, bravant la mort, n'avait pas poussé un cri à ce moment suprême — elle ne pâlira pas devant ma vengeance ! — puis il ajouta tout haut : — Maintenant, madame... du sang-froid, de la prudence et nous sommes sauvés.

— Je suis calme — répondit la marquise d'une voix ferme — que faut-il faire?

— D'abord lâcher ma main, vous le pouvez sans crainte, nous sommes maintenant arrêtés sur cette pente.

— Je ne crains rien... — répondit Cornelia presque couchée sur le flanc, et elle abandonna la main de Robert qui seule pouvait la retenir au dessus des précipices béants autour d'elle.

— Maintenant, madame, imitez-moi, tâchez de vous mettre lentement à genoux en faisant le moins de mouvements possible de peur de glisser de nouveau... puis vous aidant des mains et des genoux vous remonterez avec précaution la pente du glacier ; afin de vous faciliter cette montée, saisissez la corne de chamois qui se trouve à l'un des bouts de mon bâton... Je tiendrai l'autre bout, cela vous aidera... mais surtout pas de mouvements brusques... sinon, nous sommes tous deux perdus...

— Je viens de voir la mort de près... l'émotion a été grande et superbe... elle me suffit... — répondit madame d'Alfi, et montrant autant d'adresse que de présence d'esprit, elle exécuta les recommandations de son guide. — Ne craignez rien — ajouta-t-elle d'un ton sardonique — je vous l'ai dit, et vous venez d'en être témoin : le bon Dieu me protége !

— Monstre... — pensa Robert — tes blasphèmes seront bientôt punis !

La marquise, dont le sang-froid semblait augmenter avec le danger, se traînant comme son guide sur les mains et sur les genoux, parvint, ainsi que lui, à gravir la rampe glissante du glacier. Ils atteignirent sa partie plane et la plate-forme au milieu de laquelle se dresse, comme une muraille à pic, le *fauteuil*, cîme extrême de la Tournette.

— Madame, nous voici en sûreté... — dit Robert à la marquise — avant d'aller plus loin, il faut vous reposer, vous avez besoin de reprendre des forces.

Cornelia n'écoutait pas les paroles de son

guide; quoique haletante et brisée de fatigue, elle jeta un cri d'admiration à la vue de l'immensité qui se déroulait à ses regards, et restait éblouie, fascinée... jamais jusqu'alors, à ses yeux, la grandeur de la création ne s'était manifestée plus imposante...

Le ciel sans nuages étendait son velum d'azur sur une horizon de trente ou quarante lieues de circonférence dont la *Tournette* formait le point central ; à l'orient, étincelant d'or, de pourpre et de lumière, s'étageaient les assises du *Mont-Blanc*, cachant encore le soleil qui lentement se levait derrière ces masses d'un blanc aussi pur que la neige dont elles sont incessamment couvertes ; leurs glaciers se dressaient en pitons, en aiguilles élancées comme les flèches d'une gigantesque basilique d'argent; au-dessous de la grande chaîne des Alpes, dominées par le sommet du *Mont-Blanc*, se dessinaient vigoureusement sur la transparence de l'horizon, les arêtes des chaînes secondaires; au midi les montagnes de la *Tarentaise* et de la *Maurienne* ; vers le nord celle de la Suisse et du Jura ; à l'ouest, celles de l'Isère et du Dauphiné, puis dans les bassins creusés entre ces nervures montueuses : les champs, les bois, les lacs, les cités, apparaissaient vaguement à travers la brume matinale; ce n'était plus la nuit, ce n'était pas encore le jour... Mais soudain voici le jour ! l'orbe du soleil s'est élevé lentement au-dessus des dernières neiges et des derniers glaciers du *Mont-Blanc*... soudain leurs pics d'argent mat, reflétant les premiers feux du jour, s'émaillent d'un rose vif; les montagnes de la Savoie, du Piémont de la Suisse, de la France restent encore obscures ; peu à peu leurs cîmes les plus élévées se colorent et parmi elles et des premières : la *Tournette*.... un jet lumineux vient dorer le *Fauteuil*, puis la plate-forme où se tiennent la marquise et Robert ; les autres sommités s'éclairent successivement et en raison de leur altitude ; à mesure que le soleil monte, la nappe vermeille qui a déjà envahi les hauteurs, descend à mi-côte, refoulant les vapeurs de l'aube dans les vallons, dans les plaines, jusqu'alors plongées dans une demi-obscurité, puis la flèche d'une cathédrale, les tours d'un antique château, le faîte d'une forêt s'illuminent bientôt; un moment après les plaines elles-mêmes sont inondées d'un torrent de lumière, coupée çà et là de grandes ombres projetées par les montagnes; alors le cours des rivières et le miroir des lacs brillent de l'éclat du cristal, le réseau blanc des grandes routes poudroie, se croise, se prolonge à l'infini... et, le regard ébloui, se perd dans la diverse immensité des horizons!

La marquise se livrait avec ravissement à son extaxe contemplative, éprouvant cette émotion profonde, mélange d'enthousiasme et d'orgueil que l'on ressent, lorsqu'après de longues heures de fatigues et de périls on s'est élevé à ces hauteurs d'où l'on plane dans l'espace.

Soudain Cornelia dit à son guide :

— Et Lyon... et Genève, et le Rhône ?

Robert leva lentement son bras dans la direction de l'occident, et répondit :

— Vous voyez cette nappe d'eau qui brille au soleil ? c'est le lac de Genève... ce point noir, c'est la ville... ce filet bleuâtre, tantôt encaissé entre des rives escarpées, tantôt serpentant à travers des plaines sans fin... c'est le Rhône...

— Pauvre Julien ! — pensait madame d'Alfi, — tu es allé à Genève, cette ville que je vois d'ici... et tu as trouvé la mort dans ce fleuve que je suis du regard !... tes restes chéris sont là... oubliés au fond de quelque gouffre !!

— La brume du matin nous empêche maintenant de distinguer Lyon à l'extrême horizon — ajouta Robert impassible — peu à peu cette brume se dissipera... vous apercevrez la ville, lorsque nous serons là haut... sur le *fauteuil*.

En disant ces mots le guide indiqua du geste la dernière sommité qu'ils devaient atteindre pour parvenir à la cîme extrême de la Tournette.

La marquise leva les yeux et vit à vingt pas d'elle, se dressant isolé au milieu de la plate-forme où il semblait implanté, un roc énorme, étranglé pour ainsi dire à sa base, de sorte que sa crête, dentelée d'arêtes vives, surplombait de tous côtés; cette

masse calcaire d'un gris blanchâtre, que ne
verdissait aucune mousse, aucun lichen,
avait environ cent pieds d'élévation et cent
cinquante de surface, à peu près, vers la
moitié de sa largeur, et montant de la base
à sa cime, une fissure longitudinale sillon-
nait ce roc, profondément creusée par les
eaux qui, depuis des siècles, lors des grandes
pluies ou de la fonte des neiges, minaient
ce lit resserré où elles ruisselaient presque
perpendiculairement ; cette crevasse ravi-
née presqu'à pic, ainsi que l'avait dit Robert à la marquise, s'appelait : *la cheminée*;
elle offrait çà et là quelques aspérités rocailleuses ou quelques cavités à l'aide desquelles, en se cramponnant des pieds et des
mains, en s'aidant des épaules et des genoux, comme un ramoneur qui grimpe dans

un étroit conduit, l'on pouvait s'élever jusqu'à une hauteur de soixante pieds: là se trouvait l'évasement inférieur d'une échancrure qui primitivement séparait en deux parties irrégulières le faîte du *fauteuil ;* plus tard, un quartier de roc se détachant de la masse principale et roulant dans cette déchirure l'obstruait à demi: le resserrement inférieur de ses parois l'ayant arrêté dans sa chute ; ainsi maintenu immobile, il formait une espèce de pont très étroit jeté vers le milieu du vide de l'échancrure, où aboutissait la *cheminée ;* après avoir traversé ce pont jeté sur des abîmes, ce pont que l'on appelait: *la pierre,* il fallait gravir un dernier escarpement presqu'à pic et l'on arrivait enfin à la sommité du *fauteuil.*

— Vous le voyez, madame — dit Robert — ce ne sera pas sans peine que nous gagnerons le repos dont nous jouirons là haut... si le courage et les forces ne vous manquent pas.

— Allons — reprit intrépidement Cornelia et mesurant le *fauteuil* d'un regard de défi, elle se disait : — tout à l'heure debout sur ta cîme, montagne orgueilleuse, c'est moi qui te dominerai de ma hauteur !

Robert, déroulant alors l'échelle de cordes garnie de crampons de fer qu'il avait jusqu'alors portée sur son dos, dit à Cornelia :

— Grâce à cette échelle, madame, beaucoup de périls et de difficultés vous seront épargnés; ainsi après que vous aurez traversé *la pierre* qui sert de pont, je fixerai au sommet du *fauteuil* cette échelle au moyen de ses crochets introduits dans les crevasses du roc, vous gravirez alors sans trop de peine le dernier escarpement : vous pourrez encore par ce même moyen arriver à peu près à la moitié de la *cheminée*.... restez là un moment.

Et le guide, passant sa tête entre deux des traverses de l'échelle, de sorte qu'elle retombait comme une chappe sur sa poitrine et sur ses épaules, monta jusqu'à environ la moitié de la hauteur de la *cheminée*, se servant avec adresse des saillies et des renfoncements du roc pour opérer cette dangereuse ascension, il parvint ainsi à une excavation assez profonde pour que deux personnes pussent s'y blotir, et s'arrêtant à cet endroit, il engagea solidement, entre les fissures des pierres, les crampons de l'échelle, puis il se servit d'elle pour redescendre auprès de Cornelia, et lui dit :

— Vous allez monter, madame, jusqu'à cette cavité d'où je descends ; vous y attendrez que je vienne détacher l'échelle, car il est impossible de s'en servir au delà pour achever de gravir la *cheminée* : mais nous aurons recours à cette corde, à l'aide de laquelle je vous soutiendrai ; je vais d'avance vous l'attacher sous les bras, vous l'enroulerez ensuite autour de votre ceinture afin qu'elle ne gêne pas vos mouvements.

Madame d'Alfi, puisant une force factice dans sa surexcitation fiévreuse, et ne [consultant que son courage, enroula autour de sa taille, la corde soigneusement assujétie sous ses bras par son guide; celui-ci saisit fortement l'extrémité de l'échelle, afin de faciliter, pas cette tension, la montée de Cornelia, et celle-ci, hardie, légère, s'élevant d'échelon en échelon, se dirigea vers la cavité, tandis que Robert, la suivant d'un regard de joie sinistre, se disait :

— Monte... femme... monte... monte à ta tombe !!!

La marquise atteignant enfin l'excavation s'y peletonna et son guide lui cria :

— Maintenant ne vous penchez pas en avant et surtout ne regardez point au dessous de vous... fermez plutôt les yeux, sans quoi vous seriez saisie de vertige, tâchez, sans faire de trop grands mouvements, de dérouler la corde qui vous entoure, vous m'en donnerez le bout, lorsque je vous aurai rejoint.

Robert, avant de s'engager de nouveau dans *la cheminée*, considéra un moment la marquise; il songeait qu'ainsi placée, entre le ciel et les précipices, elle ne pourrait, l'échelle enlevée, redescendre...

— Va, ne crains rien — murmura-t-il — je ne te laisserai pas là !!! ton calvaire est plus haut! Fasse la vengeance du ciel, qu'aucun accident ne t'arrive avant l'heure de l'expiation !

Puis, gravissant de nouveau *la cheminée*, jusqu'à l'endroit où était fixée l'échelle, il la détacha, et ainsi qu'il avait fait auparavant la plaça sur lui comme une sorte de chappe, avec l'aide de Cornelia, et lui dit :

— Courage, madame, avant un quart-d'heure nous serons sur le *fauteuil*, donnez-moi le bout de la corde qui vous entoure, je la prendrai entre mes dents jusqu'à ce que je sois arrivé à la *pierre*, de là je pourrai, grâce à cette corde, vous guider, vous soutenir et vous aider ainsi à atteindre le haut de *la cheminée*, mais surtout, tant que vous resterez dans cette cavité, ne regardez pas à vos pieds...

Robert continua son ascension, tenant entre ses dents le bout de la corde dont était ceinte la marquise ; celle-ci, quoique son guide lui eût recommandé à plusieurs reprises de ne pas regarder à ses pieds, céda, une fois de plus à son audacieuse habitude de jeter aux dangers un défi. Elle se reprocha comme une lâcheté une plus longue observance des prudentes injonctions de Robert, et jeta au dessous d'elle un regard... un seul...

La cavité où se tenait blottie madame d'Alfi, était formée par une anfractuosité du roc, et en cet endroit il surplombait tellement sa base que la plate-forme au milieu de laquelle il se dressait, disparaissait aux yeux de Cornelia; elle n'apercevait plus que les pentes du glacier qui semblait s'élever à pic au dessus des vallées de Thônes et de Serraval, perdues à une profondeur énorme..... huit mille pieds environ.....

A l'aspect de cette immensité béante au dessous d'elle, le courage, l'énergie, la volonté de la marquise furent pendant quelques secondes paralysés; cédant à l'effrayante attraction du vide, en vain rejetée en arrière, elle se raidissait, collant ses épaules aux parois de la cavité où elle se blotissait, en vain elle se cramponnait des mains et des ongles aux aspérités du roc. Ce roc... elle croyait le sentir fléchir sous elle et converger lentement vers le gouffre, dont elle ne pouvait plus détourner ses regards... déjà obéissant à une force d'appel invincible et comme si l'abîme l'eût aspirée... elle penchait insensiblement son corps en avant... ses doigts crispés dont elle étreignait les rocailles semblaient s'amollir, se dissoudre... sa vue se troubla... le ciel, l'horizon, qu'elle n'entrevoyait plus que confusément, tournoyèrent à ses yeux avec une rapidité vertigineuse ; un incident, puéril en apparence, mais en ce moment... effrayant, porta la terreur de la marquise à son comble : la nuée de corbeaux qui s'étaient envolés aux abords du glacier, s'élevant soudain de l'endroit où ils venaient de s'abattre, planèrent au-dessus d'elle en poussant des cris sinistres... le cœur lui manqua... elle glissait à l'abîme, elle y tombait... si soudain la corde dont elle était ceinte ne l'eût retenue en se tendant brusquement.

Cornelia entendit alors la voix de son guide, déjà parvenu au faîte de la *cheminée*.

— Maintenant, madame, vous pouvez monter — criait Robert; — pour plus de sûreté j'ai attaché la corde à une pointe de roc, je n'aurai plus qu'à vous guider à mesure que vous vous élèverez vers moi.

Le péril conjuré, madame d'Alfi retrouva

sa présence d'esprit, son audace, et quoique encore blêmie par l'épouvante, elle se dit avec un sourire sardonique :

— Ah! que les émotions ordinaires de la vie sont pâles auprès de la puissante sensation que je viens d'éprouver! quel bien-être! quel allégement indicible, succède à l'effroi! avec quel délice on aspire la vie par tous les pores après avoir failli la perdre! trouvez donc ces sensations dans le jeu! même dans l'amour le plus passionné! non je blasphême, mon étrange amour pour toi, ô Julien, double l'enivrante âpreté de ces émotions! si en ce jour, deux fois déjà, j'ai contemplé la mort face à face... terrible et sublime contemplation! n'est-ce pas en tâchant d'atteindre cette cîme d'où je verrai Lyon et le Rhône, le berceau et la tombe de ton amour!

— Allons, madame, encore un effort! — cria Robert agenouillé au faîte de la *cheminée* — de l'endroit où je suis je peux vous soutenir, vous guider au moyen de la corde... elle est solidement amarrée, ne craignez rien.

— Le vertige pendant un moment m'a étourdie, mais cette faiblesse est passée! — répondit la marquise, et examinant avec attention le passage qu'elle devait gravir, elle y remarqua de loin en loin des aspérités rocailleuses qui devaient d'autant plus faciliter son ascension, que soutenue par la corde et ainsi rassurée contre tout danger, madame d'Alfi n'avait plus qu'à s'élever entre les deux parois de la *cheminée*, entreprise pénible, difficile, mais rendue praticable par l'aide et les avis de Robert qui, à genoux et penché au dessus de Cornelia, lui criait:

— Mettez votre pied sur cette saillie à gauche... maintenant dans cette crevasse à droite... Attachez-vous des mains à cette pierre...

Et il surveillait ainsi chacun des pas de la marquise, la soutenant et à mesure qu'elle montait vers lui, se disant, en voyant s'approcher de plus en plus l'heure fatale de sa vengeance.

— Monte, femme... monte... monte à ta tombe!

La marquise atteignit ainsi une petite plate-forme, située sous l'espèce d'arche formée par la projection de *la pierre*.

— Restez là, madame — lui dit Robert qu'elle venait de rejoindre, — mais ne regardez pas à travers cette ouverture qui de ce côté permet de voir le lac d'Annecy; le vertige vous prendrait encore; je vais vous débarrasser de cette corde, maintenant inutile, puis je traverserai *la pierre* pour aller attacher l'échelle au sommet du *fauteuil*..... dans cinq minutes nous y serons.. attendez-moi, je reviens bientôt.

Cornelia vit son guide marcher debout et d'un pied ferme sur le pont jeté entre le ciel et l'abîme... étreignant ensuite entre ses genoux et ses bras une arête saillante du roc, en cet endroit tout à fait à pic, il monta le long de cette proéminence comme on monte à un arbre, parvint ainsi au sommet du *fauteuil* et y fixa l'échelle de corde dont il se servit pour redescendre.

A la pensée de traverser, soit debout, soit même en rampant, mais sans aucun soutien, *la pierre* étroite et longue de quelques pas, d'où l'on apercevait au dessous de soi ces profondeurs incommensurables dont l'aspect venait de lui causer un violent vertige, la marquise frissonna non par lâcheté, mais au souvenir de l'étourdissement invincible qui avait failli quelques minutes auparavant la précipiter dans l'abîme: terrible danger dont elle venait de savourer l'effrayante poésie...

— Tout à l'heure — dit elle à Robert, lorsqu'il revint près d'elle — j'ai voulu regarder au dessous de moi... la tête m'a tourné.... sans la corde j'étais perdue.... ma résolution est inébranlable... je veux aller là haut, j'irai ! seulement il se peut que je sois encore saisie de vertige en passant seule sur cette pierre... comment éviter cela ?

— Rien de plus facile — reprit Robert après quelques moments de réflexion — *la pierre* est assez large pour que deux personnes s'y puissent tenir, non pas de front, mais de côté, en se faisant face; nous nous placerons ainsi, madame, vis à vis l'un de l'autre; je prendrai vos mains dans les miennes, nous marcherons de côté, vous suivrez tous mes mouvements, tenant vos yeux constamment fixés sur les miens... de cette manière vous échapperez à la vue des précipices.

— Soit — reprit Cornelia.

Robert prit dans ses mains, les mains de madame d'Alfi qui lui faisait face, et dont les regards ne quittaient pas les siens, s'avançant alors avec elle en marchant de côté sur le quartier de roc qui formait le pont, il la guida de la sorte et tous deux traversèrent ainsi *la pierre...*

Ce passage entre deux immensités, celle du ciel et celle de l'abîme... dura quelques secondes à peine, mais pendant ces quelques secondes tout un passé douloureux, désespéré, horrible, apparut à la pensée de Robert! Cette femme qui lui faisait face presqu'à le toucher, cette femme dont il serrait les mains dans les siennes... cette femme avec laquelle il échangeait un regard fixe... cette femme qu'il tenait ainsi suspendue entre la vie et la mort, avait poussé Julien au suicide..... telle était l'horreur qu'elle inspirait à Robert qu'il se fût trahi s'il avait dû supporter quelques moments de plus l'action du regard et la pression de la main de cette créature abhorrée.... la pierre traversée, il s'écria, en indiquant à Cornelia l'échelle de cordes assujétée au dernier pic qui restait à gravir :

— Enfin, nous voici arrivés! nous touchons au but!!

— Je l'avais dit que j'irais là! — s'écria madame d'Alfi enivrée, triomphante, et s'élançant vers l'échelle de cordes, elle y monta rapidement, tandis que Robert, triomphant aussi, murmurait en la suivant d'un œil féroce :

— Encore un échelon... encore un... et celui-ci... et ce dernier... ô mon fils... tu es vengé! cette femme est maintenant sur la pierre de son sépulcre.

Et gravissant à son tour précipitamment l'échelle, Robert atteignit le sommet du *fauteuil* au moment où la marquise, debout, les bras croisés, le sein palpitant, la joue en feu, l'œil étincelant, s'écriait :

— Enfin je te foule sous mon pied... cîme orgueilleuse!! — puis s'adressant à son guide, qui agenouillé, se hâtait de dégager du roc les crochets de l'échelle, la marquise ajouta : — d'ici... l'on doit apercevoir Lyon, Genève... le Rhône... je veux...

Elle n'acheva pas...

Robert, le visage livide, effrayant, se

dressa de toute sa hauteur, et sans répondre à Cornelia, lui montra l'échelle de cordes qu'il lança dans l'espace.

dresse de toute sa hauteur, et sans répondre à Cornélia, lui montra l'obélisque de corail qui luisait dans l'espace.

ÉPILOGUE.

EPILOGUE.

ÉPILOGUE.

Le sommet du *fauteuil*, où Robert et madame d'Alfi viennent de parvenir, offre une longueur d'environ trente pieds, couverte de fragments et de détritus de roches, successivement brisées, minées, depuis des siècles, par la foudre, par l'action de la pluie, de la neige ou de la glace ; un seul bloc calcaire d'une assez grande dimension, s'élève au-dessus de ces débris et on lit gravés sur cette pierre, les noms de plusieurs touristes montés jusqu'au *fauteuil.* Rien ne peut rendre l'aspect sinistre de cette cime étroite et désolée que l'abîme entoure de tous côtés.

La marquise, voyant son guide lancer dans l'espace l'échelle de cordes, seul moyen de descente qui lui restât, est d'abord muette d'étonnement, puis elle s'écrie :

LA MARQUISE.

Mais... cette échelle devait nous servir à redescendre ?

ROBERT *d'une voix grave.*

— Nous ne redescendrons pas !

MADAME D'ALFI, *reculant devant le regard de son guide.*

Que dit cet homme! (*cherchant à se rassurer, elle ajoute avec hauteur*) : que signifie cela? est-ce une insolente plaisanterie?

ROBERT *impassible, désignant du geste l'immense horizon que domine le fauteuil.*

Femme... il faut renoncer à ce monde, ce *fauteuil* sera pour nous un lieu de repos éternel!

MADAME D'ALFI.

Misère de moi! J'ai pris pour guide un fou! J'avais déjà remarqué quelque chose de hagard dans les yeux de cet homme!

ROBERT *saisit le bras de la marquise, paralysée par la stupeur et la frayeur, lui fait faire quelques pas sur la plate-forme du fauteuil, et dirige vers l'ouest son doigt indicateur.*

Voyez-vous là bas... là bas... à l'horizon... aussi loin que la vue peut s'étendre...

ce point noir où aboutit cette ligne brillante qui serpente en sortant de ce lac?

MADAME D'ALFI, *presque machinalement.*

Oui... je vois.

ROBERT.

Ce lac... c'est le lac de Genève... Cette ligne brillante... c'est le Rhône... Ce point noir... c'est Lyon.

MADAME D'ALFI, *avec une impatience mêlée de frayeur.*

C'est bien... J'ai vu ce que je voulais

voir ; maintenant, partons,..... je le veux.....
obéissez !

ROBERT *avec un sinistre sourire.*

Ah! vous avez cru que je vous conduisais ici pour satisfaire votre curiosité frivole ? Ah, vous croyez que c'est assez pour vous d'avoir jeté un coup d'œil distrait sur ces lieux lointains... le lac de Genève... le Rhône... et Lyon ? (*avec une fureur sourde et prête à éclater.*) Mais vous ne savez donc pas...

MADAME D'ALFI, *frappée d'une idée subite et rassurante, interrompt son guide.*

Je comprends : non, vous n'êtes pas

fou! votre présence d'esprit dans cette excursion, vos paroles, tout me le prouve. Donc, voici le vrai... Vous me savez riche... vous voulez spéculer sur ma frayeur, et mettre un prix exorbitant à vos services, parce que maintenant il m'est impossible de descendre d'ici sans votre aide : soit..... (*Elle ôte de ses doigts plusieurs bagues de diamants et les remet à Robert.*) Plutôt que de me séparer pour toujours de ces bijoux qui valent sept à huit mille francs, je donnerais le double de cette somme ; gardez ces bagues. En arrivant chez moi, vous me les rendrez, et en échange vous recevrez vingt mille francs !... Est-ce assez ?

Robert reçoit dans le creux de la main les joyaux, puis s'approchant lentement de la corniche du *fauteuil*, il laisse tomber les bagues une à une dans l'abîme... en regardant fixement la marquise.

MADAME D'ALFI *pâlissant.*

Je me trompais! Plus de doute... c'est un fou... Je suis perdue!...

Robert, après avoir jeté les bijoux dans le précipice, semble examiner l'horizon du côté de l'ouest, où se trouve Lyon; il lève sa main au-dessus de sa tête, afin de mieux sentir la direction de la brise qui commence à s'élever et dit :

ROBERT.

Le vent change! du nord il tourne

vers le couchant déjà chargé de nuages; avant peu ils nous envelopperont... et la neige tombera sur cette cîme où nous sommes... femme... cette neige sera notre linceul.

MADAME D'ALFI, *brisée par la fatigue et la terreur, se laisse tomber sur un quartier de roche.*

Ici! seule... à la merci de ce misérable fou! Oh, je suis perdue... perdue!

ROBERT *s'asseoit auprès de la marquise.*

Vous l'avez dit : perdue!... c'est dommage, n'est-ce pas ? mourir à vingt-six ans... riche et belle?? aussi belle que féroce et corrompue!! Jugez! En ces termes, Vénus auprès de vous serait laide, et Messaline sainte!! Et puis vous aviez toute honte bue; et, fort à l'aise dans le crime, votre front d'airain ne rougissait plus! mais vos valets rougissaient pour vous... (je vous parle ainsi au passé et comme si vous étiez morte, parce qu'à cette heure vous êtes morte...) C'est vraiment dommage... vous auriez vieilli dans cette vie infâme... vous y trouviez le bonheur! Les larmes, le sang des hommes morts pour vous... ou par vous... le cimentaient, ce bonheur! Qu'importe, vice!

audace, impunité, ces trois mots, jusqu'à ce jour, résumaient votre vie; muette est la loi devant ces meurtres élégants, où le bourreau, un bouquet à la main, torture d'un regard et tue d'un éclat de rire!... Mais, je vous le dis, le jour de l'expiation est venu... nous sommes tous deux seuls, ici, à sept ou huit mille pieds au dessus du séjour des hommes; tout à l'heure nous serons perdus dans les nuages; voyez... déjà l'occident se couvre de vapeurs; elles approchent avec la rapidité de l'ouragan; la bise devient glaciale... Avant peu la neige nous servira de linceul.

Madame d'Alfi, loin d'interrompre son guide, est restée

suspendue à ses lèvres avec une curiosité haletante, tâchant de pressentir quel pouvait être le but ou l'issue de ce redoutable entretien : déjà de grands nuages sombres, chassés par un vent violent, envahissent peu à peu vers le nord-ouest, l'horizon naguère encore si pur, et semblent devoir bientôt se briser comme des vagues, au pied du *fauteuil*, car au-dessus de cette cime élevée, le ciel est toujours bleu, le soleil radieux.

La marquise, après un assez long silence, sent renaître son courage un instant abattu ; son orgueil se révolte à la pensée de paraître céder à la peur : elle se lève, et le front haut, le sourire sardonique, elle dit à Robert qui reste assis, son coude sur son genou, son front dans sa main :

LA MARQUISE.

Monsieur, vous êtes sans doute extrêmement insolent, mais, convenez-en, vous êtes aussi très lâche! Le hasard me donne pour guide je ne sais quel ennemi inconnu, je me fie à cet homme, je suis à sa merci, je suis femme, il me jette l'outrage à la face et, il n'ose pas seulement me dire ce qu'il est, ce qu'il veut, ce qu'il me reproche?

ROBERT, *toujours assis et accoudé, levant les yeux vers la marquise.*

Vous me demandez qui je suis?

MADAME D'ALFI.

Oui.

ROBERT.

Vous me demandez ce que je vous reproche?

MADAME D'ALFI.

Oui.

ROBERT.

Vous me demandez ce que je veux faire de vous?

MADAME D'ALFI (*à part*).

Malgré moi, cet homme m'épouvante!

ROBERT *se lève, saisit la marquise d'une main convulsive, et lui indiquant tour à tour du geste les points qu'il lui désigne à l'horizon.*

Regardez là-bas... ce point noir... que la nuée n'a pas encore envahi... c'est LYON... dans cette ville... j'habitais avec mon fils... il vous a connue... six semaines après... il se rendait à GENÈVE... Regardez là-bas... c'est GENÈVE... Ce fleuve qui sort du lac... c'est le RHÔNE... où mon fils s'est noyé de désespoir... (*avec une explosion terrible.*) Je suis le père de Julien!

Madame d'Alfi tressaille et, jetant un profond regard sur Robert, elle reste muette et pensive...

L'horizon est presque entièrement assombri, un violent orage s'approche et chasse devant lui d'épais nuages, mais telle est l'élévation du *fauteuil*, qu'ils roulent et flottent à ses pieds comme une mer de noires vapeurs çà et là sillonnée par des éclairs. On entend au loin les sourds roulements de la foudre... mais au-dessus du fauteuil brille encore au milieu d'un ciel d'azur, le soleil.

La marquise, à ces mots de son guide : — Je suis le père de Julien — a tressailli, et bientôt, redressant son front hardi, elle regarde fixement Robert, se rapproche de lui; et s'asseyant sur le quartier de roc d'où elle venait de se lever... elle dit à son guide, avec un sourire sardonique et un flegme glacial :

LA MARQUISE.

Ah! vous êtes le père de Julien? — eh bien... mon cher monsieur... causons.

ROBERT, *effrayant, s'élance les deux poings levés sur la marquise.*

Monstre!

MADAME D'ALFI, *toujours assise et le regardant fixement.*

Bon... ensuite?

ROBERT, *hors de lui, saisit de ses deux mains crispées la marquise par les épaules.*

Tu vas mourir!

MADAME D'ALFI.

Je le sais... et puis après?

Robert, pétrifié par tant d'audace, reste immobile et contemple madame d'Alfi avec horreur.

Les nuages, amoncelés jusqu'alors au-dessous de la plate-forme de la Tournette, commencent de l'envahir peu à peu comme une marée montante, les noires vapeurs baignent déjà la base du *fauteuil*, les rugissements de la tourmente qui approche se mêlent aux fracas de la foudre, la clarté fulgurante des éclairs illumine parfois d'un rouge de feu la masse de nuées qui voile de toutes parts l'horizon; mais elles n'ont point encore enveloppé le faîte du fauteuil, au-dessus duquel le ciel continue d'être serein, le soleil éblouissant, tandis que, aux pieds de Robert et de Cornelia, l'orage éclate avec furie au milieu du tonnerre, de la grêle, de la pluie, des éclairs, des sifflements de l'ouragan... Mais impassible devant les éléments déchaînés, triomphante de l'horreur qu'elle inspire à Robert, jetant un dernier défi à la foudre, à la mort, la marquise prend dans la poche de son paletot de soie, un étui d'or, frotte sur son couvercle un brin de matière incandescente, allume une cigarette, et, le coude sur son genou, lance la légère fumée du tabac au vent de la tempête en disant à Robert :

Ce superbe orage couronne dignement notre ascension! oui... jusqu'ici j'avais vu des hommes... mais non la foudre gronder à mes pieds... le spectacle est curieux...

ROBERT *revenant près de la marquise.*

Votre audace infernale m'avait mis

tout à l'heure hors de moi... heureusement je n'ai pas cédé à ce mouvement de fureur; lancée par moi dans l'abîme, vous seriez morte sans agonie...

MADAME D'ALFI.

Ainsi donc, sachant que je ne peux descendre d'ici sans votre aide, vous m'abandonnerez sur ce roc pour y mourir de faim et de froid?

ROBERT.

Je resterai avec vous.

MADAME D'ALFI.

Jusqu'à la fin?

ROBERT.

Jusqu'à la fin... votre sort sera le mien, nous mourrons ici... tous deux.

MADAME D'ALFI.

Ma mort... je la conçois... vous vengez votre fils, mon cher monsieur, mais vous... pourquoi mourir?

ROBERT.

Ceci me regarde... j'ai mes raisons pour mourir aussi...

MADAME D'ALFI.

J'ai été indiscrète... pardon... Il est donc entendu que ce *fauteuil* sera notre tombeau ; cependant... permettez-moi une objection ? supposons que mes gens, ne me voyant pas revenir, et inquiets de cet orage que l'on doit apercevoir de la plaine, rassemblent des guides et viennent à mon secours ?

ROBERT.

Si quelqu'un monte ici, je vous prends dans mes bras... et voyez... nous n'aurons que le choix entre ces précipices qui entourent de tous côtés le *fauteuil*.

MADAME D'ALFI *continue de fumer sa cigarette.*

Vous êtes un homme positif, vous réduisez les objections à... néant, c'est le mot, soit. Je préfère au doute, la certitude, moi, j'aime les positions nettes, la mienne l'est de tous points ; je ne saurais descendre d'ici sans votre aide, l'échelle est perdue, la fatigue contre laquelle longtemps ma volonté a lutté, la fatigue me brise, heureusement mon intelligence ne se ressent en rien de l'anéantissement de mes forces, aussi notre dernier entretien sera curieux ; donc, mon cher monsieur, pour venger la mort de votre fils, vous me forcez de mourir avec vous sur ce roc, ou vous vous précipitez avec moi dans quelque précipice ? c'est dit. Chose bizarre, hier encore je me demandais de quelle façon et à quel âge je mourrais... combien j'étais loin de prévoir cette fin originale et prochaine. Ah ça, parlons donc un peu de Julien... le moment est solennel, vous jouez le rôle de la providence vengeresse, la foudre éclate autour de nous en manière de *basso-cantante*, formidable accompagnement arrivant là fort à point pour renforcer vos anathèmes. Tenez quel beau coup de tonnerre ! le *fauteuil* en a tremblé, et ma cigarette s'en est, je crois, éteinte de frayeur. Oh ! le magnifique éclair... tout feu et tout flamme, j'en suis éblouie ! la tempête maintenant nous enveloppe, les nuages, naguère à nos pieds, montent au dessus de nos têtes... tenez ils vont voiler ce radieux soleil que j'aime tant... c'en est fait... adieu, soleil... beau soleil, pour toujours, adieu !... nous voici donc perdus dans l'obscurité de la nue ; je vous le répète, vous ne trouverez jamais un moment plus terriblement opportun pour me parler de Julien.

Bientôt Robert et Cornelia sont entourés d'un brouillard impénétrable, à peine s'ils peuvent distinguer à dix pas deux les rocailles de la plate-forme du fauteuil ; les coups du tonnerre et les éclairs deviennent moins fréquents, mais une bise glaciale commence de souffler ; l'on voit quelques légers flocons de neige tourbillonner à travers la brume épaisse.

Robert a écouté la marquise en silence, il reprend :

ROBERT.

En vous disant : je suis le père de

Julien.... j'ai tout dit.... vous avez compris, vous avez pâli, vous savez maintenant le sort qui vous attend.... recommandez votre âme à Dieu... n'espérez pas m'attendrir...

MADAME D'ALFI.

Moi! chercher à vous attendrir? moi! trembler devant vous? regardez-moi donc en face? lisez-vous sur mes traits une lâche frayeur? Est-ce que Julien ne vous aurait donc pas dit, monsieur... quelle femme j'étais?

ROBERT.

Vous êtes un monstre de dépravation et de cruanté !

MADAME D'ALFI,

— Je ne saurais, par modestie, disputer là dessus... mais mon caractère, voyez-vous, est si fièrement trempé, j'ai un si superbe dédain du danger, je me plais tellement à braver la menace et l'épouvante que, me fût-il possible, en disant un mot, un seul mot... de désarmer à l'instant votre haine et de la changer en commisération, ce mot je ne le dirais pas... non ! parce qu'en cette circonstance ce serait une lâcheté. (*La marquise allume une autre cigarette.*) Voilà, mon cher monsieur.... quelle femme je suis.

Le brouillard redouble d'intensité, Robert et madame d'Alfi, enveloppés de tous côtés dans les nues, ne peuvent plus même apercevoir les contours de l'étroite plateforme où ils se trouvent. Les rafales de vent diminuent de violence, l'atmosphère devient glaciale, une neige épaisse commence à tomber lentement.

ROBERT.

Quoi que vous disiez! aussi loin que vous poussiez l'orgueil du vice, la forfanterie du crime, vous ne serez jamais à mes yeux qu'une méchante créature de la plus vulgaire, de la plus lâche espèce!

MADAME D'ALFI.

Ah! monsieur, vos regrets paternels vous rendent, permettez-moi de vous le dire, peut-être injuste à mon égard...

ROBERT.

Non, l'on ne trouve pas même, dans votre dépravation, cette horrible grandeur qui place certains criminels en dehors de l'humanité ; vous n'avez pas même l'affreux courage de l'assassin qui, le front haut, aborde sa victime et la frappe au cœur : vous enivrez d'abord ceux que vous égorgez ensuite impunément... quels sont vos risques ? vous êtes riche, vous ne connaissez ni pudeur, ni honte, ni remords, ni repentir.....

MADAME D'ALFI.

Oh, oh, le remords ?... le repentir ?..

ROBERT.

Oseriez-vous dire que vous regrettez

d'avoir poussé mon fils au suicide ?

MADAME D'ALFI *avec un rire amer.*

Moi ! vous allez voir que je serai devenue amoureuse de ce garçon... après sa mort ! un amour outre-tombe !...... (*elle éclate de rire*) faire les doux yeux à un spectre ! ah ! mon cher monsieur, en amour, croyez-moi, il me faut mieux qu'une ombre !

ROBERT *lance un regard terrible à la marquise, mais il se contient.*

Je resterai calme... vous aurez jusqu'à la

fin sur les lèvres ce sourire d'ironie infernale, je m'y attendais!... Vous! connaître le repentir! le doute à ce sujet me fût-il venu, qu'il serait maintenant évanoui.... Aussi ma conscience est tranquille.... le châtiment parfois hésite ou recule devant les remords, mais il frappe, inexorable, le criminel endurci!

MADAME D'ALFI.

Je suis de ceux-là... faites-moi, monsieur, l'honneur et la grâce de le croire.

ROBERT.

Je vous ferai cette grâce, ce sera la seule.....

MADAME D'ALFI.

Je n'en veux point d'autre...

ROBERT.

Je vous disais qu'il n'est rien de plus lâchement féroce que votre perversité. Vous avez poussez au suicide,...vous avez tué, qui ? une pauvre créature inoffensive, confiante et dévouée... un enfant... (*Il s'arrête un moment, les larmes vont étouffer sa voix, mais il domine son émotion*). Vous conserviez, en ourdissant votre trame atroce, toute la clairvoyance du vice à froid; le malheureux en-

fant était enivré, aveuglé par la passion.....
ainsi vous avez eu la superbe audace de le
conduire et de le pousser à l'abîme..... un
bandeau sur les yeux !

MADAME D'ALFI.

J'envisagerai, s'il vous plaît, ceci tout au-
trement.., *(Elle s'interrompt en frissonnant,
et secoue la neige dont ses habits sont déjà
couverts.)* Pardon... mais savez-vous que le
froid commence à devenir très vif ici ? La
neige tombe à gros flocons, voyez..... Elle
monte déjà jusqu'à notre cheville... J'ai les
pieds glacés... je ne les sens plus... Ce n'est
point, vous le pensez bien, une plainte que

j'exprime, mon cher monsieur, c'est une simple remarque... atmosphérique; il est de fait assez bizarre de voir tant de neige au milieu du mois de septembre.

ROBERT.

Je vous l'avais dit, cette neige sera notre linceul?

MADAME D'ALFI.

Il est vrai, mais je pensais que, comme tous les guides, vous exagériez un peu les beautés du pays que vous me faisiez visiter.

ROBERT.

Je n'exagérerais rien.... avant une heure nous aurons de la neige jusqu'à la ceinture... Ce soir, au lever de la lune, nous serons engloutis...

MADAME D'ALFI.

Je ne vous ferai pas l'injure de douter de vos prévisions ; mais en retour, ayez du moins foi aux miennes... donc, croyez-moi, vous ne parviendrez pas à m'épouvanter, vous me verrez mourir avec un ferme dédain ; vous n'aurez pas le spectacle des lamentations, des terreurs, des remords, sur quoi vous comptiez, mon cher monsieur. Il faudra m'excuser ; vraiment je ne saurais jouer cette piteuse tragédie !

ROBERT.

Votre exécrable orgueil s'abaissera...

MADAME D'ALFI.

Devant qui ?

ROBERT.

Devant la mort!

MADAME D'ALFI.

Bon... déjà deux fois aujourd'hui j'ai, vous le savez, vu la mort de fort près... et je lui ai ri aux nez !

ROBERT.

Oui... le péril passé !

MADAME D'ALFI.

Mon Dieu, que vous êtes contrariant! est-ce qu'à cette heure le danger de mort n'existe pas pour moi ? Me voyez-vous trembler ?... m'entendez-vous gémir ? Pourquoi vous opiniâtrer à douter de mon dédain de la vie ? Allons, soyez franc, vous donneriez beaucoup, je gage, pour savoir le fond de ma pensée ?

ROBERT.

Je le sais.

MADAME D'ALFI.

Cela est prétentieux.

D'ALFI.

ROBERT.

Vous regrettez cruellement de quitter la vie... mais par orgueil vous cachez votre rage désespérée.

MADAME D'ALFI.

Vous dire que je ne regrette pas la vie... serait une absurdité... mais...

ROBERT.

Je n'en veux pas davantage, vous êtes punie... mon fils est vengé...

MADAME D'ALFI.

Vous m'interrompez, cela, mon cher monsieur, n'est point poli... permettez-moi d'achever ma pensée : certes, je regrette la vie, je la trouvais si amusante et si belle, moi, la vie !.. (*avec un sourire sardonique*) surtout depuis quelque temps... Et voilà que vous venez brusquement me condamner à mourir ; c'est, vous en conviendrez, fort désobligeant ; mais enfin, mort pour mort ; avouez que celle-ci ne manque ni d'originalité ? ni de grandeur ? Cette tombe cachée dans la nue ! ce linceul de neige immaculée, d'une blancheur non moins chaste que celle des draperies funèbres dont on pare le cercueil des jeunes vierges. (*Elle rit.*) Il ne me manquera rien... que la couronne mortuaire de fleurs d'oranger!!... Sérieusement, cette mort n'est pas vulgaire, elle est poétique... elle est grande! Elle me plaît... mais... dites-moi? c'est singulier... est-ce que vous éprouvez, comme moi... à mesure que le froid augmente, une sorte d'invincible propension au sommeil ?.., Depuis quelques instants, mes paupières, malgré moi, s'allourdissent.....

ROBERT.

Le froid, au sommet des hautes montagnes, cause toujours un sommeil léthargique (1)... précurseur de la mort... Je commence à sentir aussi mes paupières pesantes.

La neige continue de pleuvoir à gros flocons, au milieu du brouillard; elle monte déjà jusqu'aux genoux de Robert et de madame d'Alfi, tous deux assis sur un quartier de roc; le froid devient de plus en plus glacial et pénétrant, le vent a complètement cessé, un morne silence règne sur cette cîme solitaire, qui de tous côtés plonge dans les nuages.

(1) Ce sommeil léthargique, presque toujours suivi de délire, est observé fréquemment chez les voyageurs égarés dans les neiges du mont *Saint-Bernard*, du *Mont-Cenis*, du *Mont-Blanc* et de toutes les montagnes élevées où le froid est très vif.

MADAME D'ALFI *sentant peu à peu un sommeil invincible la gagner, se lève brusquement.*

Non... je ne veux pas dormir ! je ne dormirai pas... je jouirai jusqu'à la fin de la dernière lueur de mon intelligence !

La marquise, à peine debout, ne peut se soutenir sur ses jambes perclues par le froid, raidies par la fatigue ; elle chancelle et tombe sur la neige près du roc où elle était assise ; elle s'adosse à cette pierre et y appuie sa tête bleuie par le froid ; les tresses de ses cheveux noirs couverts de neige se dénouent et se déroulent en longues nattes, ses mains glacées, retombent inertes à ses côtés, ses grands yeux d'un bleu sombre, demi-clos sous leurs paupières alourdies, n'ont encore rien perdu de leur éclat.

ROBERT.

Je l'avais dit, votre orgueilleuse volonté sera vaincue cette fois par le sommeil... et plus tard par le délire de l'agonie.

MADAME D'ALFI *avec anxiété*.

Le délire ?... je ne veux pas avoir le délire.., je n'aurai pas le délire... je resterai maîtresse de ma pensée tout entière...

ROBERT.

Ah... vous craignez le délire !

MADAME D'ALFI.

Je ne crains rien !

ROBERT.

Si !! vous craignez de trahir devant moi... votre pensée secrète... votre désespoir de quitter la vie.

MADAME D'ALFI *avec effort.*

Je vous dis que je ne veux pas avoir le délire et je ne l'aurai pas !

ROBERT *se levant et faisant quelques pas chancelants.*

Oh ! moi aussi, je lutterai contre ce sommeil léthargique, et du moins j'aurai vu complète l'expiation de tes forfaits, monstre !... alors que ta pensée, t'échappant malgré toi, je pourrai lire au fond de ton âme infernale !

MADAME D'ALFI *luttant contre les progrès de la somnolence léthargique et du trouble qui commence à égarer son esprit.*

Je suis maîtresse de moi, j'ai toute ma

raison... je... je... vous vois là... debout... couvert de neige..... et blanc comme un spectre...

ROBERT.

Oui, mais votre voix s'affaiblit, vos yeux se ferment...

MADAME D'ALFI *avec un nouvel effort.*

— Qu'est-ce que... cela prouve... que... mes se yeux ferment ?... que... le... son de ma voix s'affaiblit ?... ce n'est pas le délire... cela!! j'ai toujours conscience moi-même...

ROBERT.

A présent... mais tout à l'heure ? tout à l'heure ?

MADAME D'ALFI.

Non... je ne délire pas... je... vous vois trébucher, tomber à genoux... près de moi, est-ce le délire cela ?... Tenez... je vois encore les corbeaux qui planent... là..., tout près de nous... ils nous prennent déjà pour des cadavres..

ROBERT, *à genoux auprès de la marquise et affaissé sur lui-même.*

L'engourdissement me gagne et devient invincible...

MADAME D'ALFI, *dont la pensée s'égare peu à peu.*

Non... je ne... délire pas, je vois.... la neige.....pleuvoir..... pourquoi tant de neige ici ?... Ah ! je me souviens... oui, je me souviens... nous sommes sur... la Tournette... mais.... (*avec un éclat de rire diabolique*) tu crois surprendre ma pensée parce que... elle... s'embarrasse... je... je... ne parlera plus...

ROBERT.

Tu parleras malgré toi... oh, des forces ! oh, seulement la force de vaincre .. pendant quelques minutes encore la léthargie qui... appesantit mon esprit !

La marquise est d'abord restée silencieuse par un suprême effort de sa volonté expirante, mais bientôt en proie au délire contre lequel elle a longtemps lutté, ses yeux se ferment, ses membres sont agités par des mouvements convulsifs, son sein palpite, et, d'une voix entrecoupée, elle prononce avec un accent passionné :

Julien !... mon Julien !...

ROBERT, *agenouillé près d'elle, tressaille.*

— Que dit-elle !...

MADAME D'ALFI, *délirant.*

Te.... voilà donc?... pauvre ange! tu ne ne sais pas... mon doux Julien? après... ta mort... je... je t'adorais; tu ne me crois pas? et... pourtant, c'est.... vrai, mon amour.... c'était le remords!

ROBERT.

Est-ce un piége? ce monstre... feint-il ce... délire... pour m'apitoyer? (*Il se traîne en rampant sur la neige, à l'aide de ses genoux et de ses mains auprès de la marquise, il entr'ouvre les paupières de cette femme agonisante; elle a l'œil fixe, vitreux et déjà demi-voilé.*) Non... elle va mourir... elle ne ment pas..... oh, mon Dieu! elle se repentait.

MADAME D'ALFI *délirant.*

Dire à ton père..... que depuis ta mort... je..... vivais de ton souvenir... mon Julien! et que je... maudissais mon crime... non... je ne... pouvais pas dire cela... je ne pouvais pas... ton père aurait cru que je lui demandais grâce !... je suis méchante... mais pas lâche!

ROBERT *accablé.*

Elle se repentait!! son orgueil m'a caché ses remords!...

MADAME D'ALFI *d'une voix expirante.*

Julien... je meurs... pour toi..... je meurs heureuse !

ROBERT *égaré par le désespoir.*

Elle se repentait!..... oh! je suis un assassin... au secours!... sauvez-la ! elle n'est pas morte encore... elle expiait son crime!...

au secours!... (*Il veut secourir la marquise mais les forces lui manquent, l'engourdissement léthargique l'anéantit, et il reste étendu dans la neige, hors d'état de faire un mouvement.*) Malheur à moi!!

MADAME D'ALFI *raidissant convulsivement ses membres, puis immobile.*

Julien!... Julien!...

ROBERT *d'une voix défaillante.*

Dieu seul devait la punir... j'ai commis un meurtre... ma mort peut-être l'expiera!...

L'engourdissement léthargique paralyse complètement l'esprit et le corps de Robert, il demeure, ainsi que madame d'Alfi, sans mouvement.

Le fauteuil de la Tournette est toujours enveloppé dans les nuages, mais, au bout de quelque temps, la neige discontinue peu à peu de tomber, elle a cependant couvert à demi le corps de Robert et de la marquise, ils ne donnent presque plus signe de vie, leurs paupières sont closes, leurs traits violacés : de temps à autre une imperceptible aspiration soulève leur poitrine. Les énormes corbeaux planent au-dessus du fauteuil rétrécissent le cercle de leur vol en se rapprochant de ces deux corps, que parfois ils effleurent de leurs ailes, en poussant des cris aigus...

XII.

—

Soudain, la nuée de corbeaux qui tournoie au-dessus des corps de Robert et de madame d'Alfi, à demi ensevelis sous la neige, s'élève dans les airs et disparaît, effarouchée par une rumeur lointaine, elle s'approche et l'on distingue bientôt le bruit de voix de plusieurs personnes, réunies sur la plate-forme au pied du *fauteuil*, mais de son sommet où nous supposons le lecteur, placé près de Robert et de la marquise inanimés, l'on n'aperçoit aucun des personnages, on les entend seulement parler ainsi :

La voix de FANCHETTE.

Votre père n'est pas sur la plate-forme. Ayez bon espoir, Julien ! nous le trouverons sur *le fauteuil.*

La voix de JULIEN *avec angoisse.*

Trop tard... trop tard! oh! mon Dieu! englouti sous la neige! mon père..... mon père!

La voix de FANCHETTE.

Attendez-moi là... Julien, j'ai l'habitude des rochers..... je saurai bien monter là haut...

La voix de JULIEN.

Risquer votre vie... non, c'est à moi de risquer la mienne!

La voix d'un guide.

Par ici..... monsieur Piétro..... par ici. Et toi, Joson, dresse l'échelle au pied de la *cheminée*; vous autres... déroulez les cordes.

La voix de PIÉTRO *haletant.*

Mille francs pour chacun de vous, mes amis, si nous arrivons à temps pour sauver madame la marquise... Malheur! malheur! elle n'aura pu résister à un froid pareil!

La voix de JULIEN.

Fanchette..... attendez que les échelles soient dressées... n'exposez pas votre vie.

La voix de FANCHETTE.

N'a-t-il pas exposé la sienne, lui?... pour me sauver de la mort au ravin de Chavoire!

La voix d'un guide.

Fanchon... attends que les échelles soient amarrées. Chère fille... tu arriveras plus vîte au *fauteuil* et sans danger.

La voix de JULIEN *qui crie avec force.*

Mon père... courage... voici du secours!

La voix de PIÉTRO.

Madame la marquise... nous venons à votre aide...

La voix de JULIEN.

Mon père ne répond pas... mon Dieu! plus d'espoir!

La voix d'un guide.

Les échelles sont attachées, n'oubliez pas le panier où sont les couvertures et l'eau-de-vie..... vous autres, liez les fascines à ces cordes, on les montera là haut pour faire du feu...

La voix d'un autre guide.

Mais pour passer sur *la pierre,* comment fera monsieur Piétro! nous avons été obligés de le hisser dans les mauvais pas?

La voix du guide.

Deux de nous se placeront à chacun des bouts de *la pierre,* nous tiendrons nos bâtons de façon à former une espèce de rampe de chaque côté du précipice; M. Piétro, Fanchon et Julien passeront là sans danger... Allons, qui monte le premier ?

La voix de JULIEN.

Moi... moi!...

La voix de PIÉTRO.

Ah, monsieur Julien, qui nous eût dit à Lyon qu'un jour...

La voix de JULIEN.

Taisez-vous! Je ne veux songer qu'à mon père... venez... venez, Fanchette!

Le bruit tumultueux des voix cesse pendant quelques moments ; on entend seulement de temps à autre les recommandations des guides s'adressant tour à tour à Julien, à Fanchette et à Piétro qui gravissent la *cheminée* au moyen d'échelles placées d'escarpements en escarpements.

Les nuages enveloppent toujours la cime où Robert et la marquise sont à demi ensevelis sous la neige ; ils ne donnent aucun signe d'existence : bientôt apparaît au-dessus de la corniche du *fauteuil* le bout d'une échelle, dont le pied, solidement maintenu, repose à l'extrémité de *la pierre*, presque aussitôt Julien, tête nue, ses habits en désordre, puis Fanchette, puis Piétro et plusieurs guides arrivent tour à tour sur l'étroite plate-forme.

Julien apercevant Robert, court à lui s'écrie :

Fanchette... le voilà... oh, mon Dieu !... le

voilà.— Il s'agenouille auprès de son père, le couvre de sanglots et de baisers, puis le soulevant, aidé de la jeune fille, ils l'adossent à une roche et tous deux tâchent de ré chauffer de leur souffle ses mains glacées : l'un des guides prend dans un panier une couverture de laine dont il enveloppe le moribond, puis, à l'aide d'une gourde, il essaie de lui faire boire quelques gouttes d'eau-de-vie.

LE GUIDE *penché vers Robert.*

Il a fait un mouvement des lèvres..... il n'est pas mort, Dieu merci! frottez-lui les tempes, les mains avec de l'eau-de-vie, cela le réchauffera... nous allons hisser les fascines et allumer le feu.

Fanchette et Julien exécutent les recommandations du guide.

JULIEN *pleurant de joie.*

Soyez béni, mon Dieu... Fanchette, mon père vivra... ses mains reprennent un peu de chaleur!

Piétro, aidé d'autres guides, s'est empressé de secourir madame d'Alfi : il l'a aussi enveloppée d'une épaisse couverture de laine, après avoir frotté ses mains et ses tempes avec un spiritueux dont il lui a fait avaler quelques gouttes : une lueur d'existence se réveille chez la marquise, elle semble faiblement se débattre contre l'agonie.

L'un des guides à Piétro.

Nous allons maintenant hisser les fascines et allumer du feu... vous autres déblayez la neige. (*Il jette une longue corde dont l'extrémité va tomber à la base du fauteuil et crie en se penchant et s'adressant à l'un de ses compagnons resté sur la plate-forme:*) — attache les fascines à cette corde...

PIÉTRO *pleurant aux côtés de la marquise.*

Madame... madame, entendez-vous ma

voix! c'est moi, Piétro... du courage!! on va allumer du feu... cela vous réchauffera tout à fait, vous serez bientôt rappelée à la vie, courage... vous êtes sauvée !

Madame d'Alfi fait quelques légers mouvements, ses lèvres s'agitent comme si elle voulait parler; mais elle ne peut articuler aucun son... Robert, plus robuste que la marquise se trouve dans un état moins alarmant; il recouvre plus tôt qu'elle sa connaissance, toujours soutenu par son fils et par Fanchette; il est adossé à un quartier de roc, mais son regard voilé ne distingue encore rien autour de lui; le trouble de son esprit ne s'est pas complètement dissipé; les guides, au moyen d'une corde, ont hissé des fascines de bois sec apportées à dos d'homme depuis *Montmin;* ils les dépècent à coups de serpe, bientôt un feu brillant flambe au faîte du *fauteuil;* Piétro et l'un des guides soulèvent madame d'Alfi enveloppée dans sa couverture et la transportent auprès de ce foyer dont

Julien et Fanchette ont aussi approché Robert : depuis son arrivée au faîte du fauteuil, les regards de Julien s'arrêtèrent pour la première fois sur la marquise, son aspect est effrayant, les tresses dénouées de ses cheveux noirs couvers de neige cachent à demi ses traits livides et agonisants.

JULIEN *avec un mélange d'horreur et de compassion.*

Ah ! elle n'est que trop punie du mal qu'elle m'a fait !

FANCHETTE *poussant un cri de joie.*

Julien... votre père m'a reconnue !

Robert, dont les yeux se sont ouverts, a repris peu à peu ses sens, il reconnaît Fanchette, agenouillée près de lui, mais il ne peut encore apercevoir la figure de son fils, qui, aussi à genoux, s'est un moment détourné pour contempler madame d'Alfi ; à la voix de la jeune fille, il se retourne brusquement et se penche de nouveau vers son père... Celui-ci, à la vue de Julien, jette un grand cri, se dresse sur son séant, ses traits expriment tour à tour la stupeur, une sorte d'incrédulité anxieuse et enfin une joie indicible. En vain il veut parler... l'émotion étouffe sa voix, il ne peut qu'appuyer ses deux mains tremblantes sur les épaules de Julien qu'il attire à lui en le contemplant avec une avidité dévorante ; puis, poussant des sanglots convulsifs, il l'étreint avec ivresse sans prononcer une parole... Le fils et le père s'abandonnent en silence à l'effusion de leur tendresse passionnée, Fanchette fond en larmes, les guides occupés à raviver le feu sont profondément attendris.

Piétro qui voit la marquise reprendre peu à peu connaissance, se dit avec effroi :

L'aspect de ce jeune homme qu'elle croit mort, et qu'elle aime d'un amour insensé, peut porter à madame le dernier coup, que faire? mon Dieu, que faire?

Robert, après la première explosion de sa stupeur et de sa joie, saisit les mains de Julien et s'écrie d'une voix palpitante :

Toi... toi... c'est toi !!

JULIEN.

Mon père... je n'ai pas trouvé la mort dans les eaux du Rhône...

ROBERT.

Béni soit Dieu... mais comment.... comment?...

JULIEN.

A la nuit... je m'étais jeté au Rhône...

ROBERT.

Oui... on t'avait vu... te précipiter dans le fleuve; je ne doutais plus de ta mort...

JULIEN.

J'ai cru tout fini pour moi, j'ai entendu l'eau tourbillonner au dessus de ma tête.... j'ai perdu connaissance... lorsque je suis revenu à la vie, la lune brillait, la moitié de mon corps était seulement submergé, le courant m'avait rejeté sur la grève..... je me suis dit : la mort me repousse, je vivrai donc...

ROBERT *avec un accent déchirant.*

Et moi ?... et moi ?...

JULIEN *baisant les mains de Robert en pleurant.*

Hélas.... d'après votre lettre, mon père, je me croyais maudit de vous!! je sentais combien j'étais coupable et puis... je n'ai pas osé retourner vers vous... après vous avoir annoncé mon suicide...

ROBERT *avec douleur, levant les yeux au ciel.*

C'est ma faute... il me croyait inexorable! il craignait, le malheureux, d'être accusé par moi d'avoir joué une comédie infâme.... parce que le hasard l'arrachait à la mort!

(Il étreint Julien avec force contre sa poitrine).
Mais, tu ne sais donc pas... que retrouver un enfant qu'on a perdu..... c'est..... *(il sanglotte)* mon Dieu... mon Dieu... il n'y a pas de mots pour exprimer cela... c'est... c'est éprouver ce que j'éprouve maintenant..... une ivresse... si grande... que l'âme peut à peine.... la contenir... *(Il pâlit et tressaille, une sueur glacée inonde son front, sa voix s'affaiblit.)* Non... c'est trop... cela me tue!!

JULIEN *avec inquiétude.*

Mon père... que dites-vous? cette pâleur...

ROBERT *avec effort.*

Rassure-toi..... mon émotion est si profonde... Te revoir... mon Dieu, te revoir!... oh, viens, viens..... encore. *(Il se livre de nouveau à des élans de tendresse passionnée partagée par Julien, et se dit:)* — Le coup est trop violent... pour mes forces à peine renaissantes... Je ne survivrai pas... à cette joie... inespérée. Oh! que mon fils ignore mes angoisses! *(Haut)* — Ce n'est rien..... Encore une fois, rassure-toi... cher enfant, je me sens mieux... mais après avoir ainsi échappé à la mort... qu'es-tu devenu?

JULIEN.

Je m'étais dit: mon père me croit mort... il n'aura plus à rougir de moi ; je demanderai mon pain au travail de mes mains ! Après avoir quitté les environs de Genève, j'ai passé par le village de Chavoire, cherchant à m'occuper : j'ai été employé à tirer des pierres d'une carrière; j'ai connu Fanchette... je l'ai aimée. Je lui ai proposé de nous unir... elle vous a dit le reste.... mon père.

FANCHETTE.

Lorsque ce matin à l'arrivée de Julien, je

lui ai montré la bague que vous m'aviez donnée comme anneau de mariage, Julien a reconnu qu'elle vous appartenait, monsieur Robert! Jugez de ma surprise! Ensuite nous avons ouvert le petit paquet que vous m'aviez remis, il contenait de l'or et un bille où vous m'écriviez que cet or serait ma dot... et que l'on trouverait votre corps sur la *Tournette*. Notre premier cri, à tous deux, a été qu'il fallait aller à la montagne, où il devait neiger, parce que le temps était très mauvais dans la plaine : nous nous sommes dépêchés de partir avec Joson, mon parent, qui est déjà venu plusieurs fois à la *Tournette*; en passant à Veyrier, il y avait rumeur dans le village, les domestiques de cette dame, aussi inquiets d'elle que nous l'étions de vous, monsieur Robert, ont assemblé des guides... nous avons fait en hâte route ensemble et grâce à Dieu..... nous sommes arrivés à temps.

ROBERT, *dont la pâleur et la défaillance augmentent et qui sent arriver sa dernière heure, attire dans ses bras son fils et Fanchette.*

O mon Julien... hier... je le disais à cette douce enfant.... « Fanchette: si j'avais un

» fils... je voudrais, pour son bonheur,
» qu'il eût une compagne comme vous... »
Mes vœux sont exaucés.... venez... venez
tous deux sur mon cœur...

Julien et Fanchette se jettent avec effusion dans les bras de Robert toujours assis et adossé à un quartier de roche ; madame d'Alfi, grâce aux soins de Piétro, a depuis peu recouvré complètement ses esprits ; elle a reconnu Julien, elle a entendu son récit et l'aveu de son amour pour Fanchette, qu'il doit épouser bientôt ; à chacune de ses découvertes qui la frappent de stupeur, Cornelia s'est redressée peu à peu sur son séant, muette, livide, effrayante... elle a d'un geste écarté Piétro qui, agenouillé près d'elle, avait jusque-là tâché de lui dérober la présence de Julien... soudain et au moment où Robert étreint avec ivresse son fils et Fanchette, la marquise, malgré les supplications muettes de son serviteur, qui tend vers elle ses mains jointes, la marquise se lève debout, comme si elle obéissait à un choc électrique..; elle ressemble à un spectre, les tresses de ses cheveux noirs se déroulent sur la couverture de laine blanche qui l'enveloppe à demi, et dont les larges plis traînent derrière elle comme un suaire : ses traits empreints d'une douleur terrible, désespérée, sont d'une pâleur cadavéreuse; ses yeux, dont l'agonie a déjà creusé profondément l'orbite, semblent encore agrandis et brillent d'un fiévreux éclat, en la voyant s'approcher lentement du groupe de Robert, de Julien et de Fanchette, confondus dans un même embrassement, les guides reculent effrayés.

MADAME D'ALFI *d'une voix navrante.*

Julien... Julien...

A cet appel, Robert, son fils et Fanchette, se dégageant de leur commune étreinte, se retournent brusquement.

FANCHETTE *se rapprochant de son fiancé avec un mouvement de frayeur.*

Oh... Julien... j'ai peur, voyez donc cette dame... on croirait qu'elle sort de son tombeau...

ROBERT *sans être entendu de son fils.*

Je me sens mourir... merci, mon Dieu... je laisserai mon fils heureux...

MADAME D'ALFI *suppliante.*

Julien... vivant je t'ai poussé au suicide... je t'ai cru mort et je t'ai adoré !... Cet amour outre-tombe... te prouve mon repentir... me pardonnes-tu ?

JULIEN *avec terreur.*

Oui... je vous pardonne...

MADAME D'ALFI *à Fanchette.*

Jeune fille... celui que tu aimes a cruellelement souffert... que grâce à toi sa vie soit aussi douce... que par moi elle a été torturée... Julien... une dernière fois... attache tes yeux sur les miens *(le jeune homme reste agenouillé, son visage caché dans ses mains)* Julien... une dernière fois, je t'en supplie... regarde-moi...

JULIEN *lève vers la marquise ses yeux remplis de larmes.*

Je..... vous l'ai dit..... je vous pardonne.....

Madame d'Alfi couve des yeux Julien avec une expression passionnée, ses traits expriment tour à tour le désespoir, l'amour, le remords. Puis défaillante, et se soutenant à peine, elle se recule en contemplant toujours Julien, et se rapproche ainsi du rebord de l'étroite plate-forme du *fauteuil*. Le précipice n'est plus qu'à deux pas derrière elle, les guides terrifiés, n'ont pas remarqué que Cornelia est volontairement arrivée jusqu'à cette limite extrême au delà de laquelle... c'est l'abîme..

MADAME D'ALFI, *avec un élan de passion délirante.*

Julien... sans toi... je ne saurais vivre !... je meurs... en te regardant !...

La marquise en prononçant ces derniers mots se renverse brusquement en arrière et disparaît dans le vide...

Les assistants, d'abord paralysés d'épouvante, jettent un cri terrible. Piétro court au rebord de la plate-forme et s'y couche à plat-ventre, pour tâcher de sonder, sans péril, les profondeurs des précipices, mais il ne distingue rien, rien .. que le brouillard des nuées dont la cîme de la Tournette est toujours enveloppée. Le serviteur de la marquise, ne pouvant plus douter de la mort de sa maîtresse, éclate en sanglots et en gémissements ; les guides, Julien et Fanchette sont saisis d'horreur ; Robert ne peut résister au dernier coup que lui porte la mort affreuse de madame d'Alfi, dont il se regarde comme le meurtrier, sa pâleur devient livide, sa vue se trouble, ses paupières se ferment à demi. Julien, resté agenouillé près de lui, s'aperçoit de ces funestes symptômes, se jette au cou de Robert et s'écrie d'une voix tremblante :

Mon père... mon père... qu'avez-vous !

FANCHETTE, *non moins alarmée.*

Oh, mon Dieu!... Julien... les mains de votre père deviennent glacées.

ROBERT *d'une voix de plus en plus affaiblie.*

Je suis... un... meurtrier... cette malheureuse femme... se repentait; je l'ai conduite ici... j'ai causé... sa mort...

PIÉTRO, *furieux, mais contenu par les guides.*

Assassin!... tu réponds... de la mort de ma maîtresse!

ROBERT *agonisant.*

Je vais..... en répondre devant Dieu.....
Fasse... que ma mort... expie celle de cette
femme... Julien... Fanchette... venez... venez... je... me sens... mourir...

JULIEN *avec des sanglots de désespoir.*

Vous retrouver pour vous perdre... non...
non... mon père !... vous vivrez !

ROBERT *mourant.*

Soyez... heureux, mes enfants... oh.. je...
(*Il expire*).

Julien, presque fou de douleur, se jette sur le corps inanimé de son père; Fanchette, agenouillée, fond en larmes; Piétro témoigne la joie farouche que lui cause la mort de Robert, les guides émus gardent un religieux silence; le brouillard des nuées, déjà sombre, devient plus sombre encore; le jour va bientôt finir, et la neige recommence de tomber lentement sur la cime de la *Tournette.*

Le corps de madame d'Alfi fut, après des peines incroyables, retrouvé le lendemain au fond d'un précipice... ce corps, broyé par sa chute, était une chose sans nom...

Ces tristes débris furent ensevelis dans le cimetière de Veyrier, non loin de la tombe de Robert.

Julien, longtemps inconsolable de la mort de son père, épousa Fanchette; il put, grâce à son modeste héritage, acheter une métairie dans les environs de *Veyrier*. Les deux époux, tendrement unis, allèrent souvent visiter, avec un pieux recueillement : *la maison de Rousseau.*

FIN.

APPENDICE.

APPENDICE.

—

Nous croyons devoir ajouter à la fin de ce livre l'indication sommaire de quelques-unes des promenades les plus intéressantes des environs d'Annecy (1).

(1) Le trajet de Paris à Annecy, soit par Lyon et par Chambéry, soit par Dijon et Genève, est généralement de trente heures,

Le tour du Lac.

L'on peut faire à pied en sept à huit heures, cette promenade, d'*ensemble* et des plus admirables.

Le Château de Montrotier.

Habitation extrêmement curieuse ; on y remarque, entre autres constructions monumentales, une énorme tour du XIIIe ou XIVe siècle, parfaitement conservée ; le torrent le *Fier* s'engouffre sous un pont à une profondeur effrayante, entre deux parois de rochers perpendiculaires dont l'écartement n'a pas plus de six à huit pieds ; non loin de Montrotier, nous signalerons, comme offrant les aspects les plus pittoresques : — les fossés du château, plantés d'arbres gigantesques, et remarquables aussi par leurs masses rocheuses d'une puissante couleur, — les *abîmes*, — le pont des *Liasses*, etc., etc.

A pied, cette promenade, en allant par la route de *Rumilly* et revenant par celle de *Cran*, peut durer de quatre à cinq heures.

Les Usines de Cran.

Elles sont situées à une demi-lieue d'Annecy.

Les immenses chutes d'eau qui, provenant du dégorgement du lac, mettent en mouvement les innombrables roues de ces établissements industriels, présentent un coup d'œil aussi saisissant que grandiose; pour jouir complètement de cette vue il faut se placer sur le pont de *Cran*, ou mieux encore, suivre un petit chemin débouchant près de ce pont, et monter à mi-côte ; de cet endroit assez élevé l'on domine toute l'étendue de ces chutes, véritable *Niagara* en miniature.

La Vallée de Sainte-Catherine.

Nous avons déja parlé de cette ravissante promenade : la *gelinotte*, la *perdrix blanche* des Alpes, et le *coq de bruyère*, se rencontrent communément dans le bois de Sainte-Catherine.

Le Semenoz.

L'ascension du *Semenoz*, l'un des points culminants de la chaîne des Alpes, ne présente ni difficultés, ni dangers; ses rampes sont très douces, et après avoir cheminé pendant plusieurs lieues à travers de magnifiques forêts de sapins, l'on atteint les vastes prairies des plateaux supérieurs, d'où l'on découvre un horizon des plus étendus; l'on aperçoit de là : le Mont-Blanc, la chaîne des Alpes, les lacs de la Suisse, le Dauphiné, l'Isère, etc.

La très curieuse grotte de *Benge* se trouve à l'extrémité orientale du *Semenoz*. Cette grotte mériterait à elle seule l'excursion.

L'on va généralement coucher le soir au village de *Lechaux*, situé à l'entrée de la vallée des *Bauges*, l'on commence au point du jour l'ascension du *Semenoz*, et l'on est de retour à Annecy dans la soirée.

Route d'Annecy à Sevrier,

Nous signalons surtout cette promenade

aux artistes; au lieu de suivre les bords du lac, ils prendront l'*ancienne route de Sevrier* qui serpente au pied de la merveilleuse futaie de châtaigniers dont nous avons tâché de donner un croquis; à chaque pas les peintres rencontreront là précieux sujets d'étude aussi variés qu'originaux.

L'on peut aussi, en gravissant les dernières pentes de la châtaigneraie, monter jusqu'au *Puyseau* et redescendre par la *vallée de Sainte-Catherine*, ou bien encore, à peu de distance du *Puyseau*, pénétrer dans les forêts séculaires qui s'étendent sur les flancs du Semenoz; nous avons vu les forêts vierges des îles d'Amérique, elles ne nous ont pas produit un effet plus imposant que les gigantesques sapins du *Semenoz* et leur sauvage solitude; l'on y rencontre parfois des ours: nous avons dernièrement reconnu le *pied* de l'un de ces animaux, la *voie* était toute fraîche.

Cette promenade, d'Annecy au *Puyseau*, retour par Sainte-Catherine, dure environ quatre heures.

D'Annecy au pont de Saint-Clair,

Nous avons suffisamment détaillé ces sites; il faut suivre la route de *Thônes* jusqu'au pont de *Saint-Clair*, le traverser, prendre à gauche par l'ancienne voie romaine et revenir à Annecy par le village de Nâves au soleil couchant; nous recommandons de nouveau cette excursion aux paysagistes.

D'Annecy à Thônes.

Rien de plus intéressant que le parcours de la vallée de Thônes jusqu'à la ville de ce nom.

A chaque pas les artistes trouveront des

tableaux merveilleusement *composés* par la nature ; nous conseillons aux artistes de prendre *la vieille route* pour aller à Thônes et de revenir à Annecy par le *chemin neuf*, où se trouve la verrerie d'*Alex*.

Trajet de sept à huit heures de marche.

D'Annecy aux Prés Vernet.

Ces prairies sont situées à la cîme du versant septentrional du mont Veyrier ; de cet endroit le lac apparaît sous un aspect nouveau et d'une incroyable originalité; l'on peut revenir des *prés Vernet* par *Talabar*, ou contourner la montagne, gagner les hauts pâturages de Veyrier, puis redescendre par ce village.

Trajet de cinq à six heures.

Le Pont et les Bains de la Caille.

Ce pont, aussi élégant que hardi, situé sur la route de Genève, et suspendu par des câbles de fer au dessus d'un précipice de six cents pieds de profondeur, est l'un des plus beaux monuments de la Savoie ; à peu de distance du pont, et perdus presqu'au fond de l'abîme, au milieu de très beaux ombrages, se trouvent les *bains de la Caille*, le site de ce confortable établissement est merveilleusement pittoresque ; les eaux thermales de *la Caille* ont une vertu presqu'égale à celle des eaux d'*Aix*.

Le Château de Menthon.

Ce château et ses environs méritent au

plus haut degré l'attention des touristes : on peut prolonger la promenade, soit jusqu'au sommet du *Roc-de-Chère*, soit jusqu'à *la croix de Talloires*, d'où l'on embrasse tout le fond du lac, soit enfin jusqu'à la chapelle de *Saint-Germain*.

Nous recommandons aux artistes de quitter les bords du lac au village de Veyrier, et là, de prendre la *vieille route* qui conduit à Menthon, ils trouveront dans ce parcours des trésors de détails : comme études d'arbres et de *fabriques*.

Le Châlet de M. Chapuis.

Ce châlet, d'où l'on jouit d'un coup d'œil splendide, est situé au pied des dernières masses rocheuses du *Parmelan*, il domine l'admirable vallée de Dingy et le plateau d'Annecy; l'on aperçoit parfaitement le lac de Genève du haut des prés qui entourent le châlet; l'on s'y rend en passant par le village de *Nâves* et celui de *Ville*, l'on peut redescendre à travers la vallée de Dingy, mais le trajet est ainsi de huit à neuf heures, aller et retour.

Le Parmelan.

Cette chaîne est l'un des points culminants des Alpes; on trouve à son sommet des prairies incommensurables et des glacières naturelles fort curieuses, dont la glace s'exporte jusqu'à Turin; les chamois se rencontrent en grand nombre sur le *Parmelan*; l'on peut arriver à sa cîme par *Ville*, mais la route est très périlleuse, le meilleur chemin à prendre est celui de la vallée de Dingy, tracé dans la montagne par les troupeaux lorsqu'ils montent aux châlets;

il est facile de se procurer des guides au village de Dingy; il faut y arriver au point du jour, et l'on peut être de retour à Annecy dans la soirée, après l'ascension du *Parmelan.*

La Maison de Rousseau et la Tournette.

Nous n'en parlons que pour mémoire.

Avons-nous besoin d'ajouter qu'en signalant ces quelques excursions, nous indiquons seulement les points les plus remarquables; il faudrait prolonger cet appendice outre mesure pour énumérer les beautés si diverses du lac d'Annecy et de ses environs.

Ajoutons, en terminant, que si quelques-uns de MM. les habitants d'Annecy disposaient aux bords du lac de petites maisons de location, simplement mais confortablement meublées à l'instar des habitations qui avoisinent le lac de Genève, les touristes, nous en sommes persuadés, s'empresseraient de venir habiter ce pays-ci, durant la belle saison.

Nous réparerons enfin un oubli involontaire; en parlant (dans notre préface) des champs de roseaux, appelés vulgairement *marais* en Savoie, et dont l'action est si fertilisante lorsqu'on les emploie comme engrais, nous avons omis le nom scientifique de ces végétaux; ils sont de deux sortes et généralement mélangés : l'un est le SCIRPUS PALUSTRIS (*Linnée*), l'autre l'ARUNDO PRAGMITES (*Linnée*).

Nous ne saurions trop attirer l'attention des agriculteurs sur cette culture si féconde en produits, et si importante au point de vue agronomique.

FIN.

TABLE DES CHAPITRES.

Tome premier.

Préface.. . . . . page 3
Prologue. 31
La marquise d'Alfi. 51

Tome deuxième.

Epilogue. 161
Appendice.. 261

FIN DE LA TABLE.

Fontainebleau, imprimerie de E. Jacquin,

DERNIÈRES NOUVEAUTÉS TERMINÉES
EN VENTE :

LE VEAU D'OR
Par Frédéric Soulié. — 8 vol.

LES OISEAUX DE NUIT
Par Xavier de Montépin. — 5 vol.

LE CHEVALIER DE PAMPELONNE
Par A. de Gondrecourt. — 5 vol.

LES PRINCES D'ÉBÈNE
Par de la Landelle. — 5 vol.

LE CHEVALIER D'ESTAGNOL
Par le marquis de Foudras. — 6 vol.

GEORGES III
Par Léon Gozlan. — 3 vol.

FERNAND DUPLESSIS
Par Eugène Sue. — 6 vol.

Laquelle des Deux
Par Maximilien Perrin. — 2 vol.

FAUSTINE ET SYDONIE
Par madame Charles Reybaud. — 3 vol.

LES DRAMES DE PROVINCE
Par André Thomas. — 4 vol.

SALGAR LE ROUGE
Par de la Landelle. — 5 vol.

EN VENTE :

Le Mari confident, par Mme Sophie Gay, 2 vol.
Nelly, par Amédée Achard, 2 vol.
François le Champi, par Georges Sand, 2 vol.
Une Vieille Maîtresse, par J. Barbey d'Aurevilly, 3 vol.
Les Deux Trahisons, par A. Maquet, 2 vol.
Partie et Revanche, par Maximilien Perrin, 2 vol.
Aventures de Saturnin Fichet, tomes 7, 8, 9 et derniers.
La Tache de Sang, par le vicomte d'Arlincourt, tomes 3, 4, 5 et derniers.
Les Officiers du Roi, par Jules de Saint-Félix, 2 vol.
Les Vrais Mystères de Paris, par Vidocq, 7 vol.
Piquillo Alliaga, par E. Scribe, 11 vol.
Les Sept Baisers de Buckimgham, par Gonzalès, 2 v.
Les Francs Juges, par Gonzalès, 2 vol.
La Princesse des Ursins, par A. de Lavergne. 2 v.
Un Gentilhomme d'aujourd'hui, par le même, 3 vol.
Le Dernier Seigneur du village { par le même,
Le Secret de la Confession   { 2 vol.
Cric Crac, par Edouard Corbière, 2 vol.
Mémoires d'une Somnambule, par Jules Lacroix, 5 v.
Histoire d'une Grande Dame, par le même, 2 vol.
Un Mauvais Ange, par le même, 3 vol,

www.ingramcontent.com/pod-product-compliance
Lightning Source LLC
Chambersburg PA
CBHW071531160426
43196CB00010B/1741